KLEINER RATGEBER

Leymann/Niedl
Mobbing

Prof. DDr. Heinz Leymann
Mag. Klaus Niedl

Mobbing
Psychoterror am Arbeitsplatz

Ein Ratgeber für Betroffene

ÖGB VERLAG

Verlag des Österreichischen Gewerkschaftsbundes

Die Ratschläge in diesem Buch sind von den Autoren und vom Verlag sorgfältig erwogen und geprüft, dennoch kann eine Garantie nicht übernommen werden. Eine Haftung der Autoren bzw. des Verlages und seiner Beauftragten für Personen-, Sach- und Vermögensschäden ist ausgeschlossen.

Gedruckt auf chlorfrei gebleichtem Papier

Umschlaggestaltung: Ute Strohmeier
Umschlagfoto: ZEFA, Wien

Übersetzung aus dem schwedischen Original:
Heidi Schönbauer, Institut für Germanistik
der Universität Wien, Studienrichtung Skandinavistik

Medieninhaber: Verlag des Österreichischen Gewerkschaftsbundes
GesmbH, Wien

Hersteller: Verlag des ÖGB GesmbH, Wien
Satz: Rademacher GesmbH, Wien
Verlags- und Herstellungsort: Wien
Printed in Austria
ISBN 3-7035-509-5

Inhaltsverzeichnis

Heinz Leymann

(überarbeitete Fassung des schwedischen Originals
„Ingen annan utväg“ – „Kein anderer Ausweg“)

Klaus Niedl

Mobbing in Österreich

1. Einleitung: Kann Selbstmord eine einzige Ursache haben?

Dieses Buch basiert auf einer tatsächlichen Begebenheit. Eine Frau wird an ihrem Arbeitsplatz psychischer Gewalt ausgesetzt. Schließlich sieht sie in ihrem Leben keinen Sinn mehr und begeht Selbstmord.

Ich habe das Buch auf eine spezielle Art angelegt. Einen wichtigen Teil darin bildet Ingrids Tagebuch. (Ingrid ist ein fingierter Name.) Vor diesem Kapitel wird eine kurze Einleitung gegeben, die zum Ziel hat, dem Leser das Verständnis des Tagebuches, das an einzelnen Stellen fragmentarisch ist, zu erleichtern. Dem Tagebuchkapitel folgt eine chronologische Zusammenstellung der wichtigsten Ereignisse und Gedanken, die Ingrid niederschrieb. Diese Chronologie ist zugleich ein Muster dafür, wie man auch in anderen Fällen einen gleichartigen Verlauf in einer Übersicht dokumentieren könnte. Eine Analyse von Ingrids Fall folgt danach. Ihr Schicksal ist leider nicht einzigartig – viele Menschen nehmen sich als Folge der Verhältnisse am Arbeitsplatz das Leben, diese und andere Fälle, wo das Opfer entscheidet, am Leben zu bleiben, haben eine verblüffend ähnliche Struktur. Psychische Gewalt beginnt immer mit einem Konflikt, mündet in Schikanen (manchmal wechselseitige), setzt sich in Machtübergriffen gegen das Opfer fort und endet mit dessen sozialem Abstieg. Der letzte Teil des Buches handelt von diesen Strukturen und von anhaltenden Versuchen, diese Muster zu durchbrechen.

Als ich mit diesen Forschungen Anfang der 80er Jahre begann, war mir bewußt, daß es Fälle von Selbstmord geben könnte, die mit den Arbeitsbedingungen in Zusammenhang stehen. Vielleicht knapp eine Handvoll Fälle, dachte ich zusammen mit anderen Experten innerhalb des Arbeitsschutzes. Leider haben wir uns völlig geirrt. In einem Kapitel werde ich über eine Untersuchung berichten, die in Zusammenarbeit mit Priestern durchgeführt wurde. Die Untersuchung ergab, daß wir leider annehmen müssen, daß die Anzahl von Selbstmorden als Folge von Problemen im Arbeitsmilieu beträchtlich ist. Selbstmord ist von einer Reihe sozialer und psychologischer Mythen umgeben. Sogar unter Psychologen und Psychiatern wird die Ansicht vertreten, daß Menschen, die diesen Schritt unternehmen, entweder psychisch krank sind oder multisoziale Probleme haben. Es gibt kaum, sagt man, Ursachen in Reinkultur. In der Umgangssprache sind alle Ursachen, die man entdecken kann, sicherheitshalber „beitragend", selbst wenn eindeutig eine Ursache dominiert. Auf diese Weise entlastet sich die Umgebung aller direkten Verantwortung für einen Selbstmord. Denn wenn es keine soziale Situation gibt, die als Ursache genannt werden kann, so werden wir alle freigesprochen.

Aber selbstverständlich gibt es Selbstmorde, bei denen man konkrete und klar definierbare Ursachen erkennen kann!

Ich leite das Buch mit einigen Gesichtspunkten auf die Schwierigkeiten des Forschers ein, sich Problemen mit psychischer Gewalt im Berufsleben zu nähern. Es gibt verschiedene Arten, methodologisch vorzugehen. Ich habe meine Methode gewählt – ich will ausgehend von einer Arbeitsschadenperspektive forschen.

Ich bin Ingrids Familie großen Dank schuldig, weil sie mir ihre Erlaubnis gab, Ingrids Tagebuch zu veröffentlichen. Ich glaube, daß ihr Schicksal – vielleicht mehr als anderes, wovon die Öffentlichkeit bisher erfuhr – zeigen kann, wie schlecht es einem Menschen ergehen kann, wenn die Situationen im Berufsleben allzu viel unethische Kommunikation und psychische Gewalt beinhalten.

Mai 1994 *Heinz Leymann*

Anmerkung:
Dieser Teil ist die überarbeitete Auflage des schwedischen Originals „Ingen annan utväg" („Kein anderer Ausweg").

2. Ursache für und Wirkung von psychischer Gewalt im Berufsleben – einige Methodenprobleme in der Forschung

Selbst wenn meine populärwissenschaftliche Art zu erklären und zu beschreiben den Zweck verfolgt, daß das Buch leicht lesbar sein soll, so kann ich doch eine Reihe schwieriger methodologischer Probleme nicht verbergen. Diese stehen im Zusammenhang mit der Wahl der Methoden für die Forschungsarbeit. Vernünftigerweise muß man sich aufgrund der methodologischen Probleme fragen, bis zu welchem Grad man den Ergebnissen dieser Forschung trauen kann.

Ich werde in diesem einleitenden Kapitel über diese Probleme berichten und Rechenschaft darüber ablegen, warum ich die Forschungsmethode gewählt habe, die ich nun anwende. Dieses einleitende Kapitel wird vielleicht schwieriger zu lesen sein, weil ich mich hier teils an Forscherkollegen und Studenten wende, um Forschung auf diesem Gebiet anzuregen und um auf gewisse Schwierigkeiten hinzuweisen, teils weil es mir ein Bedürfnis ist, Rechenschaft darüber abzulegen, warum ich so geforscht habe, wie ich es getan habe. Einige Fachtermini müssen deshalb in diesem einleitenden Kapitel verwendet werden. Selbstverständlich werden sie erklärt. Wird dieses Kapitel für den an Theorie weniger Interessierten zu langweilig, so kann man es ohne weiteres überspringen und die Lektüre mit dem nächsten Kapitel beginnen.

2.1 Schäden durch die Arbeit (Arbeitsschadenperspektive)

Ich plane in dieser Forschung einen Ansatz, der Schäden durch die Arbeit betont. Meine Methode ist strukturell. Ich beschreibe, was bei objektiv wahrnehmbaren Vorfällen passiert, die gegen Arbeitnehmer gerichtet sind. Ich bemühe mich herauszufinden, wie die Akteure in diesem Kampf die Vorfälle bewerten, von denen sie betroffen sind (ohne mich um die juridische Schuldfrage in diesem Konflikt zu kümmern, die die ganze Problematik ins Rollen brachte). Das, was ich da finde, sind Strukturen und Abläufe von Ereignissen in Fällen, die a) einander gleichen „wie ein Ei dem anderen“ und – und das ist wichtig – b) ausgehend von *allgemein menschlichen Lebenserfahrungen* extrem belastend, verletzend und erschütternd sind.

Wenn sich diese Strukturen herauskristallisieren, treten Eigenschaften im Berufsleben hervor, die kaum irgend jemand von uns, der ihnen nicht ausgesetzt war, im Traum für möglich gehalten hätte. Der strukturelle

Ansatz deckt unbarmherzig die Verhältnisse an den Arbeitsplätzen auf, die nicht nur kraß unethisch sind, sondern oft auch entschieden gesetzeswidrig – aber die sich dadurch rechtfertigen lassen, daß die Opfer als latent psychisch krank abgestempelt werden, mit psychiatrischen Diagnosen etikettiert werden, als Sündenböcke ausgestoßen werden, die Verfehlungen begangen haben, weil die Majorität es so bestimmt hat, krank geschrieben werden, als diejenigen betrachtet werden, die „Kooperationsprobleme" haben (ohne einen Gedanken daran zu verschwenden, daß es ja immer zumindest zweier Personen bedarf, um von Kooperationsproblemen sprechen zu können). Zu der aufgedeckten Struktur gehört also nicht nur die Aufstellung von Ereignisabfolgen, die typisch für die Fälle sind, sondern auch die Entdeckung, daß soziale Mythen um die Opfer geschaffen werden, die es moralisch erleichtern, sie als Arbeitskräfte zu entlassen. Mit rein psychologischen Untersuchungen lassen sich solche Strukturen nicht aufdecken.

Von diesem Strukturansatz aus ist es dann nicht so schwierig, zu einem Arbeitsschadenansatz überzuwechseln. Ausgehend von einer allgemein psychologischen Theorie kann man deduktiv[1)] Hypothesen[2)] aufstellen, die die *extremen Streßreaktionen* des Menschen in *extremen Lebenssituationen* beleuchten. Damit können wir auf dem Weg sein, solche sozialen Prozesse in der Arbeitswelt einzukreisen, von denen man annehmen kann, daß sie die Grenzen dessen überschreiten, was Menschen im allgemeinen aushalten können. Den Zustand, in dem sich die Menschen nach Fällen von psychischer Gewalt befinden, schreibe ich bis auf weiteres hypothetisch der Lebenssituation zu, die sie bei ihrer Arbeit gehabt haben. Das ist alles andere als eine wissenschaftliche Beweisführung. Die Zukunft wird entscheiden, ob ich auf das richtige Pferd gesetzt habe. Wahrscheinlich habe ich das, denn die sozialen, ökonomischen und psychologischen Schäden, die man bei den Opfern beobachten kann, sind Wirkungen einer Kommunikation, die sich verselbständigt hat, und sie hat sich verselbständigt (und dies ist eine weitere Hypothese), weil *bei den Verhältnissen im Arbeitsmilieu etwas nicht gestimmt* hat, und nicht generell bei den Menschen. Unter anderem dies versuchte ich in meinem ersten deutschsprachigen Buch über Mobbing unter Erwachsenen (Rowohlt 1993), an das ich später in diesem Buch anknüpfen werde, deutlich zu machen.

Mit einem rein psychologisch/psychiatrisch wissenschaftlichen Ansatz, der eine sozial-strukturelle Analyse ausschließt, verliert man die Arbeitsschadenperspektive definitiv aus den Augen.

---

1) deduktiv = logisch herleiten, beweisen.
2) Hypothese = eine Annahme innerhalb der Wissenschaft.

2.2 Das Individuum als vermeintliche Ursache

Der sozial-strukturelle Ansatz, den ich in diesem Buch anwende, bedeutet auch, daß man markante Unterschiede zwischen Mobbing unter Erwachsenen am Arbeitsplatz und Mobbing unter Kindern an den Schulen sehen kann, etwas, was sich mit rein psychologischen Ansätzen kaum machen läßt. Auf einer Ebene stimmen die Mobbingsituationen überein: beide können aus der Perspektive des symbolischen Interaktionismus[1)] erklärt werden (übrigens ein Forschungsansatz, der auf eine ausgezeichnete Weise der klinisch-*psychologischen* Arbeit Ideen spendet, um Mobbing vorzubeugen). Auf einer anderen Ebene sind sie höchst unterschiedlich. Mobbing unter Erwachsenen ist ein effektiverer Weg zum gesellschaftlichen und sozialen Abstieg, es bedeutet überdies eine Eliminierung aus dem Berufsleben – für viele nach einem bis dahin erfolgreichen Berufsweg. Der Hinauswurf kann mit einer totalen psychologischen, sozialen und ökonomischen Katastrophe verbunden sein, auf eine Weise, die unter Schulkindern schwerlich beobachtet werden kann. Die Ursache dafür ist, daß Machthaber von einem ganz anderen Kaliber das soziale Berufsleben eines Menschen auslöschen können. Am ähnlichsten sind sich die beiden Mobbingsituationen (d.h. die der Schulklasse bzw. des Arbeitsplatzes), wenn es um Erwachsene geht, die sich in Niedriglohnbranchen befinden, und die sich mit dem, was ich „Zeitvertreibmobbing" nenne, beschäftigen, d.h. man wählt einen geeigneten Arbeitskollegen, „um sich zu amüsieren", weil der Job so monoton und langweilig ist.

Es sind auch Vorstellungen präsentiert worden, daß wir hier Erwachsene vor uns haben, „auf denen schon immer herumgehackt worden ist". Über die Theorie vom permanenten „Hackhuhn" begann man in den fünfziger Jahren zu sprechen. (Es ist mir nicht gelungen, die Quelle zu finden.) Sie behauptet, daß jemand schon als kleines Kind in der Sandkiste Schikanen von den anderen Kindern ausgesetzt war, und daß das Kleinkind dann ein Verhalten „gelernt hat", das die ganze Zeit neue Mobbingattacken provoziert – in der Vorschule, in der Schule, im Gymnasium, beim Militär und im Berufsleben.

Die Theorie ist eine grobe Spekulation. Niemand hat jemals versucht, sie zu beweisen, und warum? Ja, deshalb, weil es zu teuer und schwierig ist. Sie kann nämlich nur durch eine Langzeitstudie getestet werden, was bedeutet, daß man eine größere Anzahl von Kindern von der Sandkiste bis ins Erwachsenenalter verfolgen muß, um zu sehen, ob die Hypothese stimmt.

Rund um die Persönlichkeitsvariable als Ursache für Konflikte, Mobbing und sozialen Abstieg kreisen die am meisten verbreiteten Vorstellungen, sowohl bei Laien als auch Experten. Das ist ein so wichtiges Thema, daß ich es in einem kommenden Forschungsbericht behandeln werde,

1) symbolischer Interaktionismus = Forschungszweig innerhalb der Psychologie, der sich auf die gefühlsmäßige Bedeutung von Kommunikation für Menschen konzentriert.

weshalb ich jetzt darauf hinweise. Dieses Forschungsprojekt stellt ein paar sehr heikle Fragen: Wenn Menschen extrem starken Streßsituationen ausgesetzt sind, wie sieht ihr *normales* starkes Streßverhalten aus? Und können diese *normalen* starken Streßreaktionen als Folge von *abnormal starken Streßsituationen* mit Verhaltensweisen verwechselt werden, die objektiv gesehen psychisch schwache Personen aufweisen? Mit anderen Worten: Was ist normal, und was ist abnormal bei Menschen, die anhaltende psychische und/oder physische Gewalt erleiden?

Wissenschaftlich gesehen sind die Theorien über Persönlichkeit ein Problem in jener Forschung, die von einer Arbeitsschadenperspektive ausgeht. Es gibt eine Reihe solcher Persönlichkeitstheorien, und es ist keineswegs klar, von welcher man ausgehen sollte: jede mißt nämlich mit ihren eigenen Variabeln, was Vergleiche weitgehend ausschließt.

Behauptungen darüber, welche Persönlichkeiten oder Charaktereigenschaften bei Mobbingopfern vorwiegen, sind nichts weiter als Phantasien. Bisher gibt es rund um die Welt keine einzige seriöse Studie, die dies beleuchten könnte. Die meisten bislang verbreiteten Untersuchungen sind von klinischen Psychologen und Psychiatern, die Gemobbte in ihrer Sprechstunde gehabt haben und nun glauben, diese einer bestimmten Persönlichkeitsgruppe zuordnen zu können, weil sie meinen, diese Gruppe am öftesten klinisch beobachtet zu haben.

Wissenschaftlich gesehen handelt es sich um reinen Unsinn. Angenommen, ich finde heraus, daß 60 % meiner Patienten der Persönlichkeitsgruppe X zugehören und 25 % der Gruppe Y (der Rest verteilt sich auf weitere Gruppen). Sind Menschen der Gruppe X gefährdet, am öftesten dem Mobbing ausgesetzt zu werden? Die wissenschaftlich korrekte Antwort ist: Man weiß es nicht. Und warum nicht? Weil es aus keinem Lande wissenschaftliche Querschnittsuntersuchungen gibt, repräsentativ für die Bevölkerung des Landes, welche Persönlichkeitsgruppe wie häufig in der Bevölkerung vertreten ist. Nehmen wir an, ein Staat gibt uns das viele Geld für eine Untersuchung und nehmen wir an, wir bekämen folgende Resultate mit signifikanten Vergleichswerten: Die Gruppe X kommt zu 75 % in der Bevölkerung vor, und die Gruppe Y zu 10 % (der Rest teilt sich, wie vorher, auf weitere Gruppen auf). Ist die Gruppe X nun besonders gefährdet, gemobbt zu werden? Nein. Sie ist eher geschützt. Dagegen zeigt es sich, daß die Gruppe Y so einer Gefahr ausgesetzt ist, sie ist nämlich bei den Gemobbten überrepräsentiert. Und noch ein Hinweis: meine klinischen Erfahrungen aus meiner Sprechstunde taugen überhaupt nicht für so einen Vergleich: Ich müßte nämlich auch eine repräsentative Untersuchung über Gemobbte haben, die von einem Querschnitt des gemobbten Anteils der Bevölkerung ausgeht. Also gehören die Phantasien über die Persönlichkeitseigenschaften, die Mobbing erleichtern sollen, in den Papierkorb.

Um der Fallbeschreibung im vorliegenden Buch zu folgen, bedarf es keiner solchen Überprüfung, abgesehen davon, daß ich, ausgehend von der heutigen Erkenntnislage, eine solche nicht zustande bringe. Aber lassen Sie mich darauf hinweisen, daß – selbst wenn es Menschen mit einer etwas empfindlicheren Psyche als der des Durchschnitts gibt – diese Personen laut Gesetz ohne Zweifel ein Recht auf ein gutes Arbeitsklima haben. Und lassen Sie mich auch darauf hinweisen, daß es gemäß dem Gesetz nicht möglich ist, sich aus der Arbeitgeberverantwortung (und auch aus unser aller Verantwortung) für das Arbeitsklima zu flüchten, indem man versucht, solche Ereignisse, wie sie in diesem Buch zur Sprache kommen, zu verteidigen.

2.3 Von der Entdeckung bis zur Statistik

Das Problem dabei, mit der Forschung über psychische Gewalt im Berufsleben zu beginnen, war zunächst, daß es eigentlich gar keine früheren Ansätze gab. Diese Gewalt, allgemein Mobbing genannt, war gut verborgen und unter einen dicken Teppich gekehrt. Keiner glaubte daran, daß es sie gab. In den Personalabteilungen leugnete man ihre Existenz. Gewiß gab es die eine oder andere seltsame „Figur“ unter dem Personal, aber „so ist es ja immer – so jemanden gibt es ja überall“.

Es dauerte eine Reihe von Jahren, die Mobbingfälle aufzuspüren – aber nicht über Direktkontakte. Die Mobbingopfer hatten keine Sprache. Es gab keine herkömmlichen sprachlichen Ausdrücke. Das Elend konnte unter dem Teppich versteckt bleiben, weil es nicht verbalisiert war, und weil man die Probleme zu individuellen Problemen gemacht hatte, die nur einzelne Personen mit bestimmten Eigenschaften berührten. Was nützt es, daß man klagt: „Sie schikanieren mich“, wenn die Folgefrage lautet: „Na, was machen sie denn da?“ Viele der täglichen Schikanen können – Handlung für Handlung genommen – ziemlich harmlos erscheinen, was ich in meinem früheren Buch zeigen konnte. „Ja, sie schauen mich verächtlich an, und sie wollen auch nicht mit mir sprechen.“ Was ist das für eine Beschreibung? Was für ein Interesse kann ein anderer Mensch zeigen, nachdem er eine anscheinend so unwichtige Klage gehört hat?

Der erste Schritt war folglich, die Probleme zu strukturieren und Termini zu finden, um sie zu beschreiben.

Der erste Schritt war somit, den Opfern sprachliche Möglichkeiten anzubieten.

2.4 Konzeptionalisierung

Konzeptionalisierung soll heißen, daß man ein Problem beschreibt, strukturiert, definiert und operationalisiert. Besonders wichtig ist die sogenannte Operationalisierung. Damit ist gemeint, daß man sich bemüht, „Operationen“, d. h. Handlungen und Maßnahmen zu finden, die mit konkreten Verhaltensweisen zu tun haben. Das Resultat ist, daß man nicht länger über „Schikanen“ zu sprechen braucht, sondern man *konkretisiert*: Wenn ich so mache ... dann bekomme ich folgende Antwort ... und dann stehen sie immer auf und gehen weg, wenn ich in die Cafeteria komme. Diese Operationalisierung war zu Beginn der Forschung ziemlich schwer zu erreichen, weil die Menschen nicht gewohnt waren, ein Geschehen so konkret zu beschreiben, vermutlich auch deshalb, weil es peinlich war, es im Detail zu beschreiben.

Die erste Forschungsphase bestand deshalb darin, ein solches Konzept zu schaffen, d.h. eine logisch zusammenhängende Beschreibung. Vage Termini wie „Mobbing“ oder „Schikanen“ oder dergleichen mußten in präzise Ausdrücke umgeformt werden, und sie mußten von anderen, ähnlichen Ereignissen abgegrenzt werden. „Mobbing“ von „zufälligen Konflikten“ abzugrenzen, bedeutete deshalb, einen Fokus zu wählen. Ich entschied, mir einen Konflikt anzusehen, der lange Zeit dauerte (zumindest einige Monate), und wo die Handlungen, die vom Opfer als negativ erlebt wurden und die feindselig waren, dicht aufeinander folgten (so gut wie jeden Tag).

Es versteht sich von selbst, daß man für einen solchen Forschungsschritt nicht mit einer Zufallsauswahl arbeiten kann oder mit einer anderen statistisch zuverlässigen Auswahl von Interviewpersonen. Natürlich kann man auch nichts messen. Konzeptionalisierung bedeutet niederzuschreiben, eine Terminologie zu finden, Worte zu schaffen für Erscheinungen, die bis dahin nicht verbalisiert und deshalb auch nicht bewußt gemacht waren.

In den ersten Forschungsphasen weiß man noch nicht, was für Variablen es sind, die man sucht, sei es Handlungs-, Personen- oder Milieuvariablen. Es gilt, fruchtbare Ansätze und Strukturen zu finden. Und ich entschloß mich, verschiedene Typen von Handlungen zu ermitteln, die die Mobbingstruktur ausmachen.

Aber tatsächlich sind die Handlungen an sich keine Mobbinghandlungen. Einige von ihnen sind nicht einmal eindeutig feindliche Handlungen. *Sie werden zu feindlichen Handlungen und zu Mobbinghandlungen* in einer *speziellen Situation*, in einem *speziellen Zusammenhang*. Sie können dann „Mobbing“ genannt werden (oder etwas anderes, wenn man so will), aber ihr operatives Kennzeichen ist, daß sie *über eine längere Zeitspanne hinweg dicht aufeinanderfolgen*. Die einzelne Handlung an sich kann oft im Alltagsleben vorkommen, ohne einen Mobbingcharakter zu bekommen. Es ist die Systematik, die Häufigkeit während einer längeren Zeit, die das Mobbing ausmacht.

Wie kann man nun daran glauben, daß dies Beschreibungen mit einem gewissen Wahrheitsgehalt sind und nicht freie Phantasien? Streng genommen haben wir Hypothesen vor uns. Die Konzeptionalisierung hat zur Folge gehabt, daß wir Thesen formulieren konnten. Sie hat bedeutet, daß wir eine Hypothese über Typologien, d.h. über Verzeichnisse von typischen Kennzeichen, formuliert haben. Wir behaupten nach dieser ersten Forschungsphase, daß gewisse Handlungen und folgende Situationen typisch zu sein scheinen. Hypothetisch beschreiben wir Handlungstypologien und Situationstypologien, d.h. Verzeichnisse über Handlungen und Situationen, die wir als typisch erachten für das, was man „Mobbing" nenne sollte. (Letztere Handlungen sind auch in dem oben genannten ersten Buch beschrieben.)

Wie testet man diese Typologien? Anfangs auf folgende Weise: Nach hundert Interviews über das, was Mobbinghandlungen sein könnten, entdeckten wir, daß wir immer seltener auf neue Handlungsvarianten stießen. Da entschieden wir uns dafür, weitere hundert Interviews zu machen, um sicher zu gehen: Wir fanden keine neuen Varianten. Die Typologie schien komplett zu sein. Aber war sie es wirklich? Da wir gezwungen waren, mit Fallstudien zu arbeiten, in denen jeder Fall nur sich selbst repräsentierte, so kann es ja theoretisch möglich sein, daß wir aus verschiedenen Gründen Arbeitsbereiche übersahen, wo andere Verhältnisse vorherrschten, als für die Personen, auf die wir zufällig stießen. Wir können also nicht sicher sein, daß die Typologie 100%ig komplett ist. Nun, nach einer Reihe von weiteren Fallstudien, haben wir noch immer keine neuen Varianten gefunden.

Methodologisch ist das *heutzutage* kein Problem mehr. Ich habe Hilfsmittel für eine systematische Datensammlung ausarbeiten können. Mit Hilfe von diesen (und einigen offenen Fragen darin) kann man auf lange Sicht weitere Handlungsvarianten einfangen, falls sie nun existieren.

2.5 Deduktive Schlußfolgerungen

In einer Lage, wo es eine Reihe abgegrenzter Forschungsideen gibt, die wir strukturieren konnten, können wir auch auf eine fruchtbarere Weise mehrere Hypothesen aufstellen. Ausgehend von einem Allgemeinwissen über psychologische Theorien können wir Schlußfolgerungen ziehen, die wir aus allem ableiten, was bisher bekannt ist. „Wenn Menschen an ihrem Arbeitsplatz frustrierenden Situationen ausgesetzt sind, die sie nicht mehr bewältigen, so besteht das Risiko, daß sie miteinander in Konflikt geraten", ist ein Satz, der dem allgemeinen psychologischen Theorieerbe entnommen ist. „Psychische Gewalt kann gesehen werden als ein Konflikt, der sich zu einer nicht mehr zu steuernden Situation verselbständigt hat", ist ein anderer solcher Satz. Deduktiv können wir – ausgehend von diesen Sätzen – die Hypothese aufstellen: „Frustrierende Arbeitsverhältnisse können solche Konflikte nach sich ziehen, daß psychische Gewalt die Folge sein kann."

Deduktive Schlußfolgerungen müssen keine Beweiskraft haben, mit ihnen kann man zufällige Behauptungen formulieren in Erwartung statistischer Beweise. Der Satz „wenn a gleich groß ist wie b, und b gleich groß ist wie c, dann ist a genauso groß wie c“, beinhaltet eine deduktiv logische Beweisführung. Eine solche Treffsicherheit hat man selten innerhalb der Verhaltenswissenschaften. Aber nichtsdestoweniger können wir selbst hier durch deduktive Schlußfolgerungen die Bedingungen für weitere Forschung und Beweisführung einkreisen. Ohne eine solche Arbeitsphase kann man nie statistische Beschreibungen erreichen. Konzeptionalisierung und Deduktion erfordern Geist in der Forschung. Statistik erfordert dann nur noch handwerkliches Geschick.

2.6 Statistische Schlußfolgerungen und Beschreibungen

Ohne zu konzeptionalisieren und hypothetische Gedankengänge – ausgehend von deduktiven Schlußfolgerungen – voranzutreiben, kann man niemals zu Begriffen gelangen, die man operationalisieren kann, d.h. die sich in so konkreten Termini beschreiben lassen, daß diese als Beobachtungs- und Umfragevariablen verwendet werden können. In der vorliegenden Forschung hat die ganze erste Arbeitsphase bedeutet, daß man allmählich konkrete Fragen formulieren konnte, die eine Auswahl von Personen beantworten soll. Statistik setzt voraus, daß man eine Auswahl von Menschen beschreiben kann sowie daß man abgegrenzte Variablen formulieren kann, mit denen man die Situation dieser Menschen beschreiben kann. Die Forschungsresultate, die in diesem und meinem früheren Buch beschrieben werden, sind Grundlage gewesen für die Entwicklung der Fragebogenitems, mit denen man nunmehr Mobbing erfassen und mit statistischen Termini beschreiben kann. Dies zu betonen, ist notwendig, weil eine Kritikerphalanx diese Forschungsleistungen für ungültig erklären wollte, weil sie nicht von Anfang an in Prozentzahlen und statistischen Signifikanzen ausgedrückt werden konnten.

2.7 Ein anderer Forschungsansatz

Ich bin dafür kritisiert worden, daß ich mich bisher nicht darum gekümmert habe, das psychodynamische[1)] Geschehen, das man in diesen schwerwiegenden Konflikten und Mobbingsituationen beobachten kann, zu beschreiben, ausgehend z.B. von der Theorie über den symbolischen Interaktionismus.

---

1) Psychodynamik = die Wandelbarkeit im Zusammenspiel zwischen Menschen, die davon herrührt, daß man psychisch wechselseitig aufeinander reagiert.

Die Ursache dafür ist einfach. Man wählt einen Einfallswinkel im Hinblick darauf, was man beleuchten will. Mit dem symbolischen Interaktionismus beschreibt man auf eine gute Art, was für sprachliche und verhaltensmäßige Interaktionen zwischen Menschen ausgewechselt werden, und wie diese Sprache und dieses Verhalten, als die Symbole, die sie sind, wechselseitig von den Gegnern interpretiert werden, ausgehend von den jeweiligen Lebenserfahrungen.

Solche Analysen sind gewiß sehr interessant. Aber wohin würden sie uns bei einer Analyse von psychischer Gewalt führen? Ja, sie sollten uns interpsychische[1)] Verhaltenssequenzen aufdecken lassen, und wie sie gegenseitig von den Gegnern ausgelegt würden und einer Ausweitung des Konfliktes zugrunde liegen. Aber dann?

Was sagt ein solcher Forschungsansatz über die Beschaffenheit des Arbeitsklimas aus? Wie können wir sehen, ob sich Machthaber in diesem Zusammenhang ungesetzlicher oder unethischer Machtübergriffe bedienen? Wenn wir Pech haben, so können wir durch einen solchen Forschungsansatz in einer Situation landen, wo das reine und aus seinem Zusammenhang gerissene psychologische Spiel in eine Richtung interpretiert werden kann, die Machtübergriffe *rechtfertigt*.

Der Forschungsansatz, den ich gewählt habe, ist ein struktureller Ansatz. Ich kümmere mich nicht darum, daß Leute an ihrem Arbeitsplatz Schwierigkeiten machen. Ich kümmere mich auch nicht darum, inwieweit die Konflikte als inter- oder intrapsychologisch[2)] beschrieben werden können. Ich kümmere mich nicht einmal darum, wer Recht hat und wer im Unrecht ist. *Ich will wissen, welche Arten von unethischer Kommunikation zu Schäden durch Arbeit führen können und in welchen Situationen, die arbeitsrechtlich dokumentiert werden, das geschieht.*

2.8 Auf dem Weg zu psychosozialen Grenzwerten

Nach einer längeren Zeit der Forschung über psychosoziale Fragen im Berufsleben und über verschiedene negative psychische und soziale Effekte von schlechtem Arbeitsklima glaube ich, daß man die Möglichkeit erkennen kann, Grenzbedingungen innerhalb des Bereiches festzusetzen, die nicht unterschritten werden sollten. Innerhalb des physischen Arbeitsklimas hat man seit langem über „Grenzwerte“ gesprochen. Man versucht Grenzen dafür festzusetzen, wie viele giftige Stoffe in der Luft sein dürfen. Man fällt da zurück auf Forschung, die festzustellen versucht, bei welchem Niveau solche Stoffe eine schädliche Wirkung auf Menschen haben können. Das Niveau drückt man in Zahlenwerten aus und bekommt auf

---

1) interpsychisch = das psychologische Wechselspiel im zwischenmenschlichen Kontakt.
2) intrapsychologisch = die eigenen psychologischen Prozesse des Einzelnen.

diese Weise Grenzwerte, um die herum die Staatsgewalt dann Verordnungen und Verbote abfassen kann.

Selbstverständlich kann man niemals erwarten, daß man innerhalb der Psychologie ähnlich exakte Werte erforschen kann. Die Psychologie des Menschen ist allzu komplex für so etwas. Aber ich glaube, daß wir nunmehr versuchen können, in die Nähe solcher Grenzbeschreibungen zu kommen. Innerhalb des psychosozialen Sektors sollte man über „Grenzzonen" sprechen können.

Wenn ich mich nur an die Forschung über psychische Gewalt halte, so kann man sich drei Arten von Grenzzonen oder Grenzsituationen denken:

- kommunikative Handlungen (jede Kommunikation ist ja zugleich eine Handlung von Mensch zu Mensch), von denen gezeigt werden kann, daß sie ein hohes Risikopotential darstellen für psychisch, psychosomatisch und sozial Angeschlagene, oder die zu sozialem Abstieg führen können;
- kommunikative Handlungen, die klar unethisch und somit stark verletzend sind für denjenigen, der ihnen ausgesetzt ist;
- kommunikative Handlungen, die zu Krankheit führen.

Es ist wahrscheinlich, daß die weitere Forschung innerhalb des Bereiches „psychische Gewalt" oder anderer arbeitspsychologischer Gebiete nach und nach operative Beschreibungen dafür liefert, was als „Grenzzonen" diskutiert werden soll.

Die Analyse von Mobbingfällen enthüllt, daß man manchmal überhaupt nicht voraussagen kann, wer in diesem Prozeß allmählich zum Opfer abgestempelt wird. In Ingrids Fall hätte es genausogut ihre Vorgesetzte werden können. Eine Voraussetzung dafür wäre gewesen, daß Ingrids Mann, der Betriebsleiter, diese Frau systematisch auf eine schikanöse Art angegriffen hätte sowie, daß es ihm erspart geblieben wäre, in einen Machtkampf auf höherem Niveau hineingezogen zu werden. Aber vermutlich als Nebeneffekt dieses Machtkampfes hatte Ingrids Vorgesetzte stattdessen soziale Unterstützung von „höherem Ort", und Ingrids Mann wurde allmählich Opfer des internen Machtkampfes, somit konnte Ingrid das Opfer ihrer Vorgesetzten werden.

Ein wichtiger Bestandteil von Ingrids Situation war, daß sie selbst es vermied, zu Hause um soziale Unterstützung zu bitten. Nachdem man sich dort anscheinend nicht darüber klar geworden ist, *wie* schwer sie es eigentlich hatte (gerade deshalb, weil sie so viel von ihrer exponierten Stellung verheimlichte), ist es theoretisch denkbar, daß sie mit einem reichlicheren Zugang zu einer solchen emotionalen Unterstützung besser zurechtgekommen wäre.

Soll man nun bei einer Beurteilung der Schädigung durch die Arbeit diesen eventuellen Mangel an sozialer Unterstützung in der „Freizeit" mit in Betracht ziehen? Soll man sich dafür entscheiden, daß Ingrid gar keinen *Arbeits*schaden erlitten hat, nur weil das Arbeitsklima *allein* „gar nicht verantwortlich war“ für ihre Verzweiflung? Solche Gedankengänge sind faktisch nach ihrem Tod vorgebracht worden.

Ich finde, daß man auf diese Art nicht diskutieren kann. Die Arbeitsverhältnisse waren unerträglich. Wie das Leben zu Hause aussah, ob sie alleinstehend war oder ob sie zu wenig Unterstützung bekam oder ob sie es vermied, in ihrer Freizeit über ihre Arbeitsprobleme zu sprechen, all das gehört nicht in eine Diskussion über Verantwortung. Es spielt keine Rolle, wie das Privatleben aussieht. Ist das Arbeitsklima nicht in Ordnung und ist der Zusammenhang zwischen Arbeitsklima und Schadenswirkung wahrscheinlich, so spielt es keine Rolle, ob die Freizeitverhältnisse erleichternd oder erschwerend wirkten. Das wäre eine Frage von Interesse für einen Psychologen, der Ingrids Fall ausgehend vom symbolischen Interaktionismus untersuchen sollte, denn gewiß ist die Fragestellung *psychologisch* interessant! Aber kaum, wenn man vom Gesetz ausgeht. Bei Personen, die von Asbest Krebs bekommen, zieht man auch nicht in Betracht, ob sie in ihrer Freizeit geraucht haben.

Generell steckt die Debatte über psychosoziale Schädigung durch das Arbeitsklima noch in den Kinderschuhen. Zu wenige Fälle werden als Arbeitsschaden angemeldet. Es wird zu leicht, Ausflüchte zu aktivieren für diejenigen, die unter den Teppich kehren wollen. Neben weiterer Forschung zum Zwecke der Empfehlung von psychosozialen Grenzwerten bedarf es auch einer lebendigen Debatte darüber, welche sozialen Handlungen wir in unseren Arbeitsmilieus absolut nicht sehen wollen. Wenn – ausgehend von psychsozialen Mißständen – mehr Arbeitsschäden angezeigt würden, wenn die Gewerkschaftsverbände anfingen, ihre Argumentation zu verschärfen, so würde auch das dazu beitragen, die Grenzen für das psychosozial Akzeptable und Inakzeptable abzustecken.

3. Ingrid, ein unmenschliches Schicksal

Selbstmord erfolgt, wenn Menschen in verschiedenen Bereichen ihres sozialen Lebens eine Menge Probleme erleiden. Es ist niemals ein einziges Problem, das den Selbstmord auslöst, sagen gewisse Leute, es müssen „multisoziale" Probleme sein, die dazu führen, daß man keinen Weg mehr aus den Beschwerlichkeiten sieht.

Mit dieser Schulung als Hintergrund dachte ich anfangs nicht, daß Selbstmord das Resultat von isolierten schweren Problemen im Berufsleben sein könnte. Aber im Laufe der Forschung wurde mir anderes klar. Mehrere Male erzählten Menschen, die ich interviewte, von Selbstmordfällen, die sie in ihrer nahen Umgebung erlebt hätten und wo die Verhältnisse am Arbeitsplatz als Ursache genannt wurden. Aber es gelang mir niemals, einen dieser Fälle zu dokumentieren.

Ingrids Tagebuchaufzeichnungen bekam ich 1986 von ihren Angehörigen. Das Tagebuch zeugt davon, daß sie, abgesehen von ihren Schwierigkeiten am Arbeitsplatz, keine anderen Probleme hatte, die als „multisozial" angesehen werden können. Ingrid nimmt sich das Leben, weil sie ihre Situation nicht länger aushält, so wie sich diese in dem kleinen Büro, wo sie viele Jahre hindurch gearbeitet hat, zugespitzt hat.

In Ingrids Erzählung ist nichts Wesentliches verändert. Der Fall ist vollkommen authentisch. Personennamen, Firmenname und Ortsname sind entweder ausgewechselt worden oder man hat vermieden, sie zu nennen. Es ist nicht meine Absicht, irgendwen zu brandmarken. Die nackte, anonyme Erzählung über das Vorkommen von Mißständen ist das eigentlich Wesentliche. Einige kurze Sequenzen im Tagebuch sind gestrichen worden, weil sie in ihrem knappen Telegrammstil nicht interpretiert werden konnten.

Ingrids Schicksal ist in diesem Buch wie eine Fallstudie behandelt worden. Um diesen Fall herum baue ich eine Analyse. Diese Analyse zeigt, im Einklang mit denen, die ich im Zusammenhang mit anderen Fällen von sozialem Abstieg gemacht habe, daß die psychische Gewalt am Arbeitsplatz wenigstens vier Phasen durchläuft (siehe das Kapitel „Der Weg zum totalen sozialen Abstieg", S. 55). Die letzte Phase ist folgenschwer für die Menschen, die in sie hineingetrieben werden. Die totale Eliminierung vom Arbeitsmarkt droht. Ein Selbstmord kann wie ein Ausweg aus dem Dilemma erscheinen.

Ingrids Tagebuch handelt von ihren Erlebnissen, von ihren Reaktionen auf die Geschehnisse im Berufsleben. Im Tagebuch schimmern diese Vorfälle nur im Hintergrund durch. Das führt dazu, daß es für den Leser an einigen Stellen etwas schwierig ist, ihrer Erzählung zu folgen. Das ist der Grund dafür, weshalb ich zu Beginn eine kurze Leseanleitung geben werde.

Im Anschluß an ihr Tagebuch wird meine Analyse ihres Falles weitere Einsichten in ihr Schicksal geben.

Ingrid hatte ziemlich lange in dem Unternehmen gearbeitet. Der Betrieb war Teil eines sehr großen Konzerns. Ihr Mann, Gustav, war Betriebsleiter in dem kleinen Unternehmen, das etwas mehr als ein Dutzend Angestellte hatte.

Mit ihrer unmittelbaren Vorgesetzten, Gudrun, war Ingrid nicht gut ausgekommen. Sie hatte sich verachtet und verfolgt gefühlt und dachte, daß der Umstand, daß sie mit Gustav verheiratet war, hinter den Problemen stünde.

Ingrids Probleme waren seit längerer Zeit akut. Ihre Tagebuchaufzeichnungen beginnen im Dezember 1979, als sie weder aus noch ein weiß. 1983/84 treffen zwei Ereignisse ein, die Ingrid emotionell schwer belasten. Teils hat der Vorstand begonnen, sich für ihre Probleme mit den Arbeitskollegen zu interessieren, teils ist sie als Sündenbock stigmatisiert worden. 1984 werden die Arbeiten im Betrieb weitgehend auf Computer umgestellt, was die Stimmung unter den Kollegen verschärft. Die Kooperationsprobleme nehmen 1985 zu. Anlaß eines Zerwürfnisses zwischen den verschiedenen Vorstandsmitgliedern und dem Betriebsleiter, ihrem Mann, sind die administrative Neuordnung des Betriebes und Einflußfragen unter den Herren.

Ein zentrales Datum ist der Tag, an dem ihr Mann aufgrund eines Vorstandsbeschlusses abgesetzt wird – bei vollen Bezügen und mit anschließender Pensionierung. Gleichzeitig wird auch Ingrids Lage zur Sprache gebracht. Sie ist weiterhin auf dem Weg, aus ihrer Anstellung hinausgeekelt zu werden.

Im September 1985 ist ein Gewerkschaftsvertreter dabei, mit dem Vorstand darüber zu verhandeln, wie es mit Ingrid weitergehen soll. Sie will sehr gerne arbeiten. Sie sieht aber keine Möglichkeit, in der kleinen Stadt, in der sie und ihr Mann wohnen, eine andere Arbeit zu bekommen. Sie hofft bis zuletzt, daß die Konflikte beigelegt werden können, daß irgend jemand im Vorstand den erlösenden Code findet. Aber das scheint nicht zu geschehen. Die Situation läuft auf eine Entlassung hinaus. Der Vorschlag des Gewerkschaftsführers über eine Pension vom Unternehmen wird abgelehnt.

Ingrid ist früher aufgrund psychischer Beschwerden, infolge der Verhältnisse am Arbeitsplatz, krankgeschrieben worden. Die Krankschreibungen werden nun, im Herbst 1985, wiederholt. Sie wird überängstlich und versucht, ihre Arbeit minutiös zu erledigen.

Die Lage hat sich in diesem Herbst so entwickelt, daß sich die höchsten Entscheidungsträger des Betriebes der persönlichen Mißstände innerhalb des kleinen Bürostabes angenommen haben und nun auf irgendeine Art von Entscheidung zusteuern. Man sucht einen Sündenbock. Das wird Ingrid, die nun die Unterstützung ihres Mannes im Unternehmen vermißt. Man ist im

Begriff, einen personaladministrativen Beschluß irgendeiner Art voranzutreiben.

Im Oktober 1985 hat sich immer noch nichts gelöst. Ingrid befürchtet ihre Entlassung. Eine neue Arbeit ist nicht aufgetaucht – und wird es auch kaum –, da Ingrid 57 Jahre alt ist. Sie sehnt sich zurück nach einem früheren Lebensabschnitt, wo alles noch in Ordnung war. Symbol dieses vergangenen Lebensabschnitts ist die frühere Wohnung.

Im November 1985 werden Ingrids psychische Beschwerden schlimmer. Die Frage, ob sie Schadenersatz fordern soll, wird aktuell. Rund um die Formulare, die zu diesem Zweck ausgefüllt werden müssen, entfacht sich ein Prestigekrieg. Der Vorstandspräsident will sie nicht annehmen, wenn es der gewerkschaftliche Repräsentant ist, der als Absender steht, und nach allem, was passiert, zu urteilen, will er den Brief auch von keinem anderen Absender annehmen. Er wehrt sich gegen den Gedanken, daß Ingrids Krankschreibung irgend etwas mit der personaladministrativen Behandlung zu tun haben kann, der sie ausgesetzt gewesen ist.

Ingrid geht in Gedanken immer wieder ihre Jahre im Büro durch, aber sie kann keinen Grund für die Behandlung finden, der sie nun ausgesetzt wird. Die Betriebsführung soll ihren Beschluß in absehbarer Zeit fassen. Ingrid bekommt relativ starke Medizin vom Psychiater. Sie ist bis zum 5. November krankgeschrieben. Am 4. November hat sie den nächsten Termin. Wie wird es ihr ergehen? Wird sie in eine psychiatrische Abteilung gebracht werden? Wie wird es im Betrieb für sie laufen? Welchen Beschluß wird man dort fassen? Lassen Sie uns Ingrids Tagebuch ansehen.

3.1 Die Namen in Ingrids Tagebuch

Vorstandspräsident:	*Rudolf*
Vorstandsmitglieder:	*Sven, Kurt, Arne, Albert*
Ingrids Mann, zugleich Betriebsleiter und Chef für das ganze kleine Büro:	*Gustav*
Ingrids unmittelbare Chefin:	*Gudrun*
Ingrids Arbeitskollegen:	*Lisbet, Irmgard, Olle, Elsa, Bengt*
Frühere Angestellte:	*Agnes, Lars, Lisa, Bo, Mona, Lennart*
Gewerkschaftsvertreter:	*Yngve*
Eine Freundin:	*Marianne*
Familienangehörige:	*Anna, Karl*

3.2 Ingrids Tagebuch

Dezember 1979
Die Nacht vom 30. 11.–1. 12. 79
Ich bin verzweifelt. Warum ist man am Arbeitsplatz so unfreundlich zu mir. Was habe ich getan. Ich weiß nicht. Alle anderen dürfen das ihre tun, aber ich nicht.

Sie sprechen nie mit mir. Ich weiß, was Mobbing, Diskriminierung von Ausländern heißt. Wie böse die Menschen sein können. Hoffe, daß alle ihre Strafe bekommen.

Warum ist man so heuchlerisch. Pfui, ich verachte alle. Wie lange soll das noch gehen, bis ich zusammenbreche. Müssen es mit allen Mitteln versuchen, die zur Verfügung stehen.

Montag 3. 12. 79, 11.45 Uhr
Eine neue Woche. Es ist schwierig auf jede nur erdenkliche Weise. Keiner hat ein Wort gesagt, keine Fragen oder Kommentare. Ich bin quasi Luft.

Hoffe, daß ich dem Druck widerstehe. Warum müssen Menschen, Erwachsene, so sein.

Das Wetter ist schön. Ein richtiger Frühlingstag. Sonnig und warm, obwohl es fast Weihnachten ist.

Gustav ist weg. Es ist jedenfalls besser, wenn er da ist.

4. 12. 79
Berit kam heute, um uns zu zeigen, wie man Briefe und Protokolle, Mitteilungen und dergleichen schreibt. Wie gewöhnlich war ich ja Luft, kein Kommentar, nichts zu fragen oder zum Zuhören.

So ein Mensch. Olle ist so müde. Schläft fast im Sitzen ein. Lena macht Telefondienst. Ich höre, wie es läutet.

Die Telefonzettel werden Lennart übergeben. Es ist kurz vor ½ 10. Ich gehe ins Krankenhaus, wie abgemacht. Komme um 11.20 Uhr zurück, da ist Gerhard noch da, drinnen bei Lena. Er geht um 12 Uhr. Gudrun gibt sich den Anschein, kundig zu sein, obwohl sie noch nie ein Protokoll mit eigenem Text geschrieben hat. Gott, was für ein Affe sie ist.

Kriecherei am Nikolaustag, aber alles nimmt für gewöhnlich ein schreckliches Ende. Gegen 15 Uhr wird mitgeteilt, daß wir Berits Entwurf zu einer neuen Gliederung folgen sollen.

Kein Kohlepapier soll verwendet werden.

Kopien werden maschinell hergestellt. Protokolle sollen verschickt werden. Gudrun tut so, als ob sie versucht hätte, die Sekretärin der Tochtergesellschaft dazu zu bewegen, dem Vorschlag des Vorstandes zur Protokollführung zu folgen.

5. 12. 79
Auch heute kein Wort. Ich schreibe auf der Maschine, gehe auf die Toilette, die Tränen kommen nur so. Ich muß Widerstand leisten, das muß ich um jeden Preis. Irre in der Mittagspause herum. Kaufe etwas Obst, gehe zurück ins Elend. Gustav geht um 15 Uhr zu einer Sitzung. Ich gehe um 16.15 nach Hause. Gehe in den Konsum hinein und schaue. Treffe Anna und bekomme Gesellschaft nach Hause. Habe die Wahl, ins Kino zu gehen oder nicht, aber ich gehe lieber, um alles für eine Weile zu vergessen.

Das war nett, wie immer.

6. 12. 79
Ganz unerträglich. Lena hat Urlaub, und Gustav ist den ganzen Nachmittag weg.

Um 11.45 Uhr geht Lennart auf die Post. Gudrun, Elsa und Irmgard gehen zusammen Mittag essen. Irmgard ist bald zurück, die anderen kommen um 13 Uhr. Keiner hat auch nur ein Wort zu sagen, ich bin quasi wie Luft.

Die anderen haben einander viel zu erzählen, aber keiner denkt daran, ein Wort mit mir zu wechseln. Ich kann den Druck nicht aushalten und sage es am Abend Gustav. Ich kann nicht wissen, wessen ich mich schuldig gemacht habe.

Karl hat angerufen; vermutlich etwas über Ausbezahlung von Geld, Zinsen u.s.w.

Mittwoch, 12. 12. 79
Daß einer so viel ausstehen kann. Ich habe mich nie so niedergeschlagen und bedroht gefühlt. Weiß nicht, weshalb. Dachte nicht, daß das in unserem Wohlfahrtsstaat vorkommen könnte.

Wenn es nur ginge, irgendeine andere Arbeit zu bekommen, die dieser entspricht: Telefonvermittlung und ein wenig anderes Administratives.

Finde, daß mir Gustav leid tut. Ich überlegte zwar sehr sorgfältig vor meiner Anstellung, aber dies hätte ich mir doch wirklich nicht träumen lassen.

Er hat so viele und wichtige Dinge zu tun, und so muß ich versuchen, ihn so weit wie möglich herauszuhalten. Vergangenen Montag ist es hervorgebrochen, aber er hat es vielleicht in aller Eile vergessen. Das hoffe ich jedenfalls.

Er bekommt nicht die Unterstützung und Wertschätzung, die erforderlich ist. Es ist eine enorme Kriecherei und Verhätschelung Olle gegenüber. Das hängt mir zum Hals heraus, aber die Seifenblase wird vielleicht zerplatzen.

Was für eine Schadenfreude meinerseits, obwohl es häßlich ist, so zu empfinden.

Rief den Arzt heute an, aber ich bekomme keinen Termin vor dem 9. Jänner. Vielleicht hilft das trotzdem.

Ich muß es ja versuchen, aber es ist nicht leicht.

Habe letzte Nacht so schlecht geschlafen, daß ich nun eine Tablette genommen habe.

Vielleicht ist der morgige Tag erfreulicher. Anna und Karl sind bei Elsa.

14. 12.

Es ist genauso unangenehm wie andere Tage. Ich gehe nach Hause und räume auf. Gustav geht. Dann fahren wir aufs Land.

Samstag, 15. 12.

Friseur um 8.30 Uhr, ich gehe in der Kälte dorthin, werde um halb zwölf fertig, gehe in den Konsum, aber schrecklich, wie voll es dort ist. Ich gehe heim, ohne etwas zu kaufen.

Mache das Mittagessen, hole die Wäsche vom Trockenraum. Um 14.30 Uhr führt mich Gustav ins Büro, arbeite 4 1/2 Stunden mit den Anzeigen, die am Freitag um 12 Uhr ins Büro gekommen sind.

Fahre dann aufs Land. Will nur meine Ruhe haben.

16. 12.

Gustav zu Gratulationsbesuch bei Ake, der 50 wird. Ich grüble nur. Muß versuchen, mich zusammenzureißen.

17. 12.

Montag. Mache mit den Karten weiter. Angriff von Olle, was die Steuer betrifft, von der ich wollte, daß man im Dezember weniger abziehen sollte, weil ich es dann selbst regle.

Kindisch, dumm, überspannt, tüchtig – sicher hat ihn jemand darauf hingewiesen. Sie wissen wohl nicht, was sie sich einfallen lassen sollen.

Die Bankkontonachricht für X ist aus meinem Zimmer verschwunden. Wer hat sie genommen?

18. 12.

Gustav nach Stockholm. Olle hat Elternurlaub, alle Computerkarten sind fertig und draußen. Bringe allmählich eine Ordnung in das Ganze. Gudrun tut so, als ob sie das ganze Büro besäße.

Hans holt die Computerkarten. Ist unzufrieden, weil der Mann, der ihn suchte, nicht direkt zu ihm vorgelassen wurde, sondern zuerst erklären mußte, was er wollte. Es gibt wohl Krach auch wegen dieser Sache. Er ist anscheinend von Olle ermuntert worden, daran herumzunörgeln. Ja, das Leben ist ein Inferno.

Ich krieche unter die Decke. Würde am liebsten für immer dort bleiben.

Freitag, 21. 12. 79
Weihnachten, letzter Arbeitstag. Keineswegs lustig.

Keiner hat etwas von Gustavs Geburtstagsgeschenk gesagt.

Kaffee wird zubereitet, höre, daß man in der Küche beschäftigt ist.

Die Torte ist geliefert worden. Olle kommt mit einem Paket und hält eine Rede für Gustav, der einige Tage später Geburtstag, aber da Urlaub hat.

Ich fühle, wie es in mir kocht. Ich will wissen, warum man kein einziges Wort zu mir gesagt hat. Schließlich bricht es hervor, und ich will wissen, nun wo alle da sind, warum man nicht gesagt hat, was beschlossen worden ist.

Offenbar eine Überraschung; wahrscheinlich wissen alle außer mir, wie man es sich vorgestellt hat.

Nachher kommt Olle und erklärt, daß er aufhören wird. Er hat eine Arbeit, die für ihn von Bedeutung ist. Laut Lennart hat Gustav darum gebeten, daß er sich etwas anderes suchen soll, was ihm jegliche Lust am Lernen genommen hat, als er in den Kurs ging. So hörte er einfach auf. Es hatte keinen Sinn, wenn ohnehin Gudrun Filialleiterin werden sollte.

Sowohl Olle als auch Elsa dachten, daß es merkwürdig war, daß Gustav sie zur Filialleiterin gemacht hat.

Der Tag ging zu Ende, aber was für ein Tag.

Wir fuhren nach Hause und holten Sachen, die mit aufs Land sollten. Anna und Karl kamen mit. Ich wollte nur weinen und alles herausschreien. Mußte alles unterdrücken, bis alle eingeschlafen waren.

Aber dann brach es hervor; dachte selbst nicht, daß es so viele Tränen gab. Stand auf und legte mich wieder ins Bett – wiederholte Male. Die Nase wurde nur mehr verstopft, spürte, daß es auch für mein wehes Ohr nicht gut war.

Nehme schließlich eine Tablette; dann schlafe ich ein.

Wache morgens auf und spüre das wehe Ohr, weiß, was mich erwartet.

Der Sonntag ist nur zum Ausruhen. Ich muß versuchen, vom elenden Büro abzuschalten, soll ja 14 Tage weg sein.

Am Weihnachtsabend habe ich Ohrenschmerzen. Aber wir fahren zur Kirche. Danach Weihnachtsessen zu Hause.

Das Essen bestand aus Stockfisch. Nur Karl konnte nicht daran teilnehmen.

„Frohe Weihnachten“, trotz allem!

1981
25. 2.
Mamas Geburtstag, eine frohe und aufgeweckte 74jährige, trotz der Schmerzen, die sie mehr oder weniger spürt. Physische Schmerzen müssen leichter zu ertragen sein als psychische.

Warum eine solche Feindseligkeit mir gegenüber bei der Arbeit? Es ist, als ob sie mich mit allen Mitteln zerbrechen wollen. Was für Menschen.

Hilf mir, guter Gott, das auszuhalten. Gib mir Kraft, Widerstand zu leisten. Weiß bald nicht mehr, was ich machen soll. Warum mußte das mir passieren.

Was ich auch mache: nie ein Wort darüber, daß etwas gut ist, wie man aussieht, was man anhat oder dergleichen.

Tun so, als ob sie so viel zu tun hätten, aber plötzlich ist es genau umgekehrt. Lange Pause, viel Klatsch usw. Empfinde nicht, daß ich die richtige Unterstützung von Gustav bekomme; er bekommt Vorwürfe, ohne die Ursache zu sein. Laß mich den Tag erleben, wo Gudrun und Irmgard aufhören! Da sollte eine große Last von meinem Körper fallen.

Manchmal würde ich am liebsten von allem verschwinden wollen. Es ist ein ewiges Danken und Buckeln. Ich schaffe es nicht, mir das anzuhören. Ich versuche, mir zu sagen „Ingrid, kümmere Dich nicht um sie, mach Deine Arbeit und pfeif auf die anderen“, aber alle haben wir das Bedürfnis, beliebt zu sein.

Wenn jemand auf irgendeinem anderen so herumtrampeln würde, dann würde ich Partei ergreifen für den, auf dem herumgetrampelt wird. Nicht umgekehrt. Ist das Leben wert, gelebt zu werden unter so aufreibenden Umständen? Nun sehe ich nichts mehr vor lauter Tränen.

Ich kann nichts,
darf nichts, wage nichts.

7. 4. 81

Wie kann man jemanden so sehr verabscheuen, wie ich Gudrun? Ich weiß selbst nicht, wie ich das aushalten soll. Kann die Gedanken absolut nicht aus dem Kopf bekommen, wie sehr ich es auch versuche.

Der Haß wächst bloß weiter. Sehe es wie einen großen Berg, durch den ich hindurch muß. Guter Gott, hilf mir. Gib mir Kraft, das auszuhalten. Hoffe, daß wir einen anderen Raum bekommen, so daß man einen solchen Menschen nicht vor sich zu haben braucht. Ich traue mich nicht, Gustav mehr darüber zu sagen.

Es muß schrecklich für ihn sein, es so zu haben. Ich kann nicht weitermachen.

1984

4. 11.

Meine Gedanken heute.

Es geht los, sobald man am Morgen die Augen aufschlägt. Wenn wir in X-Stadt sind, wie gestern abend, fühle ich mich, als ob ich kein Recht hätte. Es scheint, als ob der Arbeitgeber mit Angestellten, die man als unbequem betrachtet, machen kann, was er will. Aber ich kann mich krankschreiben lassen, so lange, bis über Pension gesprochen werden kann. Kann es eine Frage von Arbeitsschaden sein? Ausfrieren, Mobbing am Arbeitsplatz ist eine ungeheure Belastung. Keiner, der mit mir spricht. Keiner, der mir etwas von der Arbeit zeigt. Suchen nur nach Fehlern, um mich zu Fall zu bringen.

Es fühlt sich in der Brust an, als ob da eine Schnur wäre, die manchmal zugezogen würde.

Manchmal habe ich das Gefühl, als ob ich einen großen harten Kern geschluckt hätte oder ein Bonbon.

Sind es die Nerven oder etwas anderes? Ich weiß weder aus noch ein.

Wenn mir jemand meine Zukunft wahrsagen könnte. Gustav ist Optimist, glaubt sehr an den Vorstand. Hoffe, daß er recht behält.

Juni

Bengt hat die Zentrale angerufen. Gustav scheint Gudrun seit dem Jubiläum im Vorjahr schikaniert zu haben.

Hat sich in Dinge eingemischt, die ihn nichts angehen. Laut Aufsichtsratsmitglied Sven kann sie ausführen, was sie verantworten kann. In dieser Situation muß der Aufsichtsrat seine Verantwortung übernehmen und jemanden einsetzen, der das Ganze in Ordnung bringt. Laut Sven hat sich Gustav früher geweigert, mit der anderen Abteilung zusammenzugehen.

Bengt hat gesagt, daß man mit den Leuten nicht machen kann, was man will, aber Sven behauptet, daß der Aufsichtsrat seine Verantwortung wahrnehmen und die Ordnung wiederherstellen muß.

Laut Kurt wollen sie Gustav mittels Freunderlwirtschaft ins Abseits drängen. Seine Worte wiegen nicht mehr viel.

Laut X ist es wohl am besten, das nicht bei der Versammlung aufzutischen. Ich soll nicht mit dem Job aufhören, laut X. Er findet, daß man es mit dem Aufsichtsrat und dem ganzen Personal diskutieren soll. (Kann Olle hinzukommen?)

Dann sollen die, die etwas Gutes über die Zusammenarbeit zu sagen haben, aufstehen und ihre Meinung sagen.

Die Neuen wußten, daß ich angestellt war, ehe sie kamen.

Offenkundig ist, daß man, seit Irmgard zu uns gekommen ist, nicht duldet, daß wir viel miteinander sprechen. Gleiche Bewertung zu verschiedenen Dingen haben wir. Das wird nicht mit wohlwollenden Augen gesehen. Irmgard kann auch eine Menge mehr als Gudrun, und das duldet man nicht, hat Angst, daß Irmgard Gudrun etwas wegnehmen wird und vor ihr etwas erreichen wird. Lisbet ist ein Alptraum.

Gudrun will gerne anderen Dinge übertragen. Sie untersucht nicht weiter, hat mehrere Fehler gemacht, die absetzbaren Steuerbeträge sind zu spät einbezahlt, die Abrechnungen werden falsch. Die Rechnungen wurden nicht rechtzeitig abgeschickt. Deshalb werden sie falsch. Juli 83 war in den Listen nicht korrigiert, ehe ich darauf hinwies . . .

1984-08
Gudrun hat mich die ganze Zeit wie Luft behandelt, seit ich hier angefangen habe. Ist vorgekommen, daß sie vorbeigegangen ist, ohne zu grüßen.

Auf direkte Fragen habe ich Antworten bekommen, aber ansonsten kein Kontakt. War mehrmals völlig deprimiert. Suchte einen Arzt auf und habe einmal über die Lage im Büro gesprochen (1980). Bekam als Antwort, daß es so etwas leider an vielen Arbeitsplätzen gibt.

Gustav hat sie gebeten, sich mir gegenüber so zu verhalten, wie sie selbst behandelt werden möchte. Aus diesem Anlaß habe ich mich nicht bei ihr erkundigt, sondern bin stattdessen zu Gustav gegangen, wo ich eine Antwort bekommen habe.

Nach Gustavs Rücktritt ist es nicht besser geworden, sondern im Gegenteil – mehr Personen haben ihre Stacheln nach außen gekehrt.

(Neue Seite ohne Datum)
Sven hat gesagt: „Du hast Bedenkzeit bis Freitag."

(Neue Seite ohne Datum)
Daß Du die Frau des Chefs bist – merkt man innerlich, laut Irmgard. Ich bekomme imm...*(durchgestrichen)*. Ich habe das Gefühl, daß ich niemals Fehler machen darf – immer perfekt sein soll – was für niemanden möglich ist.

7. 9. 84, 12.30 Uhr
Ich sitze mit Lisa bei der Kuvertierung. Lennart hat gesagt, wie wir es machen sollen, aber er scheint unsicher zu sein.

Ich habe ihm gesagt, daß es viel zu viel Arbeit ist für zwei Personen.

Alle sind ja im Kurs gewesen. Die übrige Arbeit für mich muß liegenbleiben. Das ist furchtbar.

Rudolf kriecht vor dem Personal. Hat eine große Torte zum Kaffee bestellt, weil er es gut meint, sagt er. Aber ich habe nichts genommen. Er hat davon gesprochen, daß wir die Arbeitsplatzbeschreibungen durchgehen sollen. Lars, Lennart und Gudrun haben einen provisorischen Plan gemacht. Es kommt auch ein Experte, der sagen wird, was wir Montag und Dienstag an den Nachmittagen machen sollen.

Mittwoch, 31. 10. 84
Oh, wie unfreundlich Irmgard gewesen ist seit Montag, den 29.10., als ich vom Kurs zurückkam. Sie flieht, so als ob sie Angst vor etwas hätte. Worüber haben sie gesprochen, was hat sie so mitgenommen?

Arbeitsplatzbeschreibung heute von der Direktion. Zwei von der Zentrale kommen.

Was wird um 15 Uhr passieren?

Wissen alle außer mir Bescheid?

Bin sehr besorgt. Vielleicht bekomme ich zwei Jahresgehälter und darf gehen. – Brauche das nicht umgehend zu akzeptieren, laut Gustav. Sie haben 2 1/2 Monate Zeit gehabt, um Stellung zu nehmen.

Ich kann nur hoffen, daß es Menschen sind, mit denen man zu tun hat und keine Bestien.

Viel Streß heute – ich bin sehr besorgt und nervös. Gustav, ich liebe Dich.

21. 11. 84

Heute ist Irmgard unausstehlich. Hat kein Wort gesprochen. Was ist los? Lars berichtete Irmgard und zeigte, wie die neuen Farben waren. Kein Wort zu mir, aber Kurt hatte es mir schon gezeigt.

Was für Menschen.

Wie soll ich durchkommen. Das ist nicht gut. Wie soll ich weiterleben können?

22. 11. 84, 12.15 Uhr

Wie lange werde ich das aushalten? Hoffe jedenfalls, daß ich dieses Neue eine Zeit lang aushalte.

Rudolf ist ja nie da. Entweder Sitzung oder auch weg, wie heute. – Wie kann Irmgard ein so unausstehlicher Mensch sein. Ich dachte, sie wäre gebildet.

Ich antwortete, daß ich versucht habe, ihr die Dinge zu sagen, die ich gelernt habe. Habe gezeigt, wo es war, usw. Das konnte sie nicht leugnen, aber ich habe ja alle Dinge bei mir, so daß sie laufen muß. Ich habe gesagt, daß es bekanntlich so ist. Weiß nicht, wie es werden soll, weiß überhaupt nichts. – Sie sagte, daß sie auch nichts wüßte. Ich antwortete, daß Du mir ja den Vertrag vorgelegt hast, und den nächsten Kunden an die Reihe genommen hast. Wie man sich ausdrückt, kann ja von anderen Dingen abhängen, die nicht zur Arbeit gehören.

Sie hat es dann wohl bereut, denn sie war wie verwandelt.

Warum, warum?

Ja, ich weiß. Sie würden es wohl am liebsten sehen, daß ich von hier verschwinde. Aber hoffe, daß ich die Kraft bekomme, noch eine Zeitlang hier zu sein. Ein Glück, daß ich nichts über Rechnungen oder Post gesagt habe.

Wenn Gustav eine Arbeit bekommt, und sei sie noch so schlecht bezahlt, so werde ich es wohl vorziehen, zu Hause zu bleiben.

Alles muß besser sein als das hier.

Keiner fragt, keiner kommentiert etwas, wenn ich dabei bin.

Das ist nicht gescheit, aber ach, wie kann man sich in Menschen täuschen. Wenn ich nur meine innere Ruhe finden könnte, so würde ich mich um meine Angelegenheiten kümmern, aber das hier scheint ja ganz unmenschlich zu sein.

Ich will selbst versuchen zu zeigen, daß ich damit zurechtkomme. Aber jetzt bin ich mir nicht mehr so sicher.

24. 11.
Irmgard, Du hast ja alle Dinge bei Dir; man muß so viel herumlaufen. Sie waren ein Schock für mich, als ich hier anfing und erfuhr, daß zwei Leute im selben Zimmer arbeiten sollten. Ich habe viel länger als Du gearbeitet, also brauchst Du mich nicht zu bevormunden.

Manchmal ist sie wie verwandelt. Sobald ein Fehler, den sie gemacht hat, zum Vorschein kommt, ist es die Schuld von einem anderen, aber ist es gut – dann ist es ihr eigener Verdienst. – Ich sage mir: Laß es so sein, kümmere Dich nicht darum.

Werden sehen, ob sie am Montag verreist ist. Hat nichts zu mir gesagt.

(Neue Seite ohne Datum)
Das lag nie in meiner Absicht, sondern Du hast mir den Vertrag vorgelegt und Dich um Deinen nächsten Kunden gekümmert. Du hast selbst gesagt, daß es nicht im Gesetz steht, denn das hast Du gelesen. Ich fragte Lena, ob es in Ordnung war, einen Vertrag zu brechen. Sagte Dir, daß es im Gesetz steht. Antwort von Dir, daß man das ja nicht auswendig können kann und auch zu Hause lesen müsse, denn hier kommt man zu nichts. Selbst habe ich mich durchgefragt.

Die Bildung war nicht das, was ich dachte; nun hat sie sich mit Lennart, Lars und mir zerkracht. Wie war das eigentlich bei ihrem früheren Job?

Jan. 1985
Wie konnte alles so kommen? Ich meldete Rudolf im Februar 83, daß ich es als belastend erlebte, daß Gudrun nicht mit mir sprach. Er würde es nach der Schlußbilanz aufgreifen. „So darf es ja nicht sein", sagte er. Das geschah niemals, ich hatte mir eine Versöhnung erwartet.

Warum? Rudolf begann immer wieder, auf mir herumzuhacken. Teils wegen der Buchhaltung, teils weil ich gesagt hatte, daß ich mich verfolgt fühlte, wie er in der Stadt gehört hatte. Teils weil ich unfreundlich gewesen wäre, aber bekam keine Erlaubnis, Lars (Chef, Gustavs Nachfolger) bei seinen Beschuldigungen dabei zu haben. Er sagte, daß das nicht nötig wäre. Er sagte, daß das eine Warnung sein müsse. Ich war schockiert und fragte: „Ist es die Absicht, daß alle auf mir herumtrampeln dürfen?" Gunvor, die früher gemeint hatte, daß wir eine gute Zusammenarbeit hätten, war ab November 84 ziemlich verändert. Ich hatte bei einem früheren Gespräch mit Rudolf erwähnt, daß sie mich ausgeschimpft hätte, aber daß ich froh war, daß ich mich damals nicht verteidigt hatte. Nun hat man den Aushilfsangestellten eine fixe Anstellung gegeben. Wie beeinflußt das meine Situation? Ich habe Angst, aber muß versuchen, dorthin zu gehen, halte es zu Hause nicht mehr aus. Kann ich meine frühere Arbeit zurückbekommen?

Muß mich irgendwer wegen verlorener Information zurechtweisen?

Wie beurteilt man die Risken, dorthin zu gehen – halb krankgeschrieben.

Kann man zu Fehlern provoziert werden?

Kann ich gekündigt werden?

Die Gefahr bestand bei Gustavs Vertragsabschluß, mündlich mit zwei Zeugen.

Es kann nicht nur an mir liegen – auch die Gegenpartei muß sich irren. Das sollte gelöst werden können, wenn sich alle darum bemühen.

7. 2. 85

Rudolf bat mich um ein Gespräch. Er sagte, daß man sich in der Stadt erzähle, daß ich gesagt hätte, im Büro verfolgt zu werden. Wollte wissen, wer es war, so daß man etwas dagegen unternehmen könnte.

Ich antwortete, daß ich das niemals gesagt hätte, aber daß ich mich isoliert fühlte. Fragte, warum er mein Problem nicht schon 1983 aufgegriffen hätte.

Antwort: Dachte nicht, daß das einen Sinn hatte, nachdem er mit Gudrun gesprochen hatte.

22. 2.

Er wollte wieder mit mir sprechen, weil ich so unfreundlich gewesen wäre. Wem gegenüber, erfuhr ich nicht. Ich bat, daß der damalige Chef Lars anwesend sein sollte, aber das sei nicht nötig, laut Rudolf. Er sagte, daß dies eine Warnung sein müsse. Ich bekam einen Schock, stand auf und sagte, du meinst, daß alle auf mir herumtrampeln dürfen, ohne daß ich mich verteidigen darf. Dann ging ich; da war es 16 Uhr.

Seither krankgeschrieben.

Der Grund, weshalb ich so lange krank gewesen bin, ist, daß ich schockiert war. Psychisch krank. Seit Mai habe ich darauf gewartet, daß der Vorstand versuchen würde, eine neue Arbeit zu besorgen, habe gewartet, bin nicht zurückgekehrt aus Angst und Seelenqual.

Fragte den Arzt nach privater Gesprächstherapie.

Kann man bitten, einen Instruktor zu bekommen, um das nachzuholen, was man während einer so langen Zeitspanne bei der Arbeit versäumt hat?

Isoliert von Irmgard, nachdem Gustav aufgehört hat. Sie war anders seit Oktober 84. Hat mich einmal heruntergemacht, sagte, daß sie mehr Ausbildung hatte und länger im Erwerbsleben tätig gewesen wäre als ich.

Ich bat Irmgard, du kannst wohl nachsehen, wann die Ausbezahlung sein soll. Als Antwort: „Ich finde, ich habe genug zu tun." Es betraf ja doch die Kassengeschäfte.

Ich will, daß jeder einzelne darüber spricht, worin die Anklagen bestehen. Die Ursache, die angegeben wird, soll man dann aufgreifen und versuchen, eine Lösung zu finden.

Probleme zu lösen, ohne persönliche Attacken.

Wir haben große Arbeiten vor uns, die Übersiedlung in ein neues Büro und der Übergang zu einem neuen Computersystem.

Nun ist es so, daß ich seit fast 9 Jahren im Büro bin. Was es für jeden Menschen bedeutet, eine Arbeit zu haben und zu fühlen, daß man etwas ausführen kann!

Krankenstand aufgrund von Isolation am Arbeitsplatz.

31. 3. 85

Überlegungen in meinem Kopf:

Können die Vorstandsmitglieder so listig sein, wenn sie nun gesehen haben, wieviel Geld das Konsortium im Laufe der Jahre zusammengekratzt hat, daß sie die Entwicklung so steuern wollen und können, daß Rudolf und die ganze Arbeitsgruppe zurücktreten müssen? Wenn der Vorsitzende die Mitglieder irregeführt hat, so muß er unter allen Umständen zurücktreten. Wenn die übrigen bleiben wollen, so ist die Bedingung des Vorstandes, daß Gustav Vorsitzender werden soll. Es wäre wünschenswert, wenn das geschehen könnte. Hoffe, daß der Vorstand es so lenken kann, daß nun nichts am 11. April geschieht.

Es sollte zu diesem Zeitpunkt wohl klar geworden sein, wie Gustav alle Jahre hindurch geschuftet hat, versucht hat, so viel wie möglich für die Firma zusammenzukratzen. Es muß wohl schwer für sie sein, nun, wo Lars gekündigt hat und aufhören wird. Wann, wissen wir nicht, aber spätestens im Sommer. Hoffe, daß Albert in dieser Frage sein Veto einlegen kann. Arne hat ja wiederholt gesagt, daß Gustav auf eine würdigere Art aufhören können sollte. Man kann ja niemandem mehr vertrauen, nach dem, was passiert ist, aber es wäre wunderbar, wenn Gustav Gerechtigkeit widerführe, vor allen, die ihm nun den Rücken zugekehrt haben. Er verdient ein besseres Schicksal als das, dem er nun ausgesetzt ist. Der Schadenersatz für ihn sollte dafür sehr groß sein, aber wenn er bloß Wiedergutmachung erfährt und seine Ehre zurückbekommt, so wäre viel gewonnen.

Es war und ist schade, daß so viel Zeit vergeht, ehe die Herren im Vorstand hierher kommen. Es hätte weniger Druck gegeben, wenn es früher geschehen wäre.

Wie soll ich es wagen, zur Arbeit zurückzukehren? Hat Gustav recht, wenn er sagt, daß Rudolf ganz wild ist, nicht danach fragt, was er unternimmt? Will wohl alles tun, um auch mir zu schaden.

Wo gibt es die vielgerühmte Arbeitssicherheit?

Laut Gesetz über Arbeitsrecht kann man einen Menschen leicht los werden.

Durch das Bezahlen von Schadenersatz hat der einzelne nichts, worauf er zurückgreifen kann. Es ist ja ganz entsetzlich, daß es so sein kann. Alle sollen ja das Recht auf Arbeit haben, laut Massenmedien.

Leider, der soziale Abstieg ist zu groß, wir Armen.

Bengt ist skeptisch gegenüber dem Vorstand. Dazu hat er allen Anlaß. Das, was er nicht weiß, ist wohl, daß Rudolf alle irregeführt hat und den Besitzern gesagt hat, daß er die ganze Arbeitsgruppe hinter sich habe. Später, als er von dort zurückkam, hat er wohl gesagt, daß er den Vorstand hinter sich hätte.

Wer es erlebt, wird es erfahren. Was hat uns die Zukunft zu bieten? Enden wir bettelarm?

Die Gemeinde läßt sich sehr viel Zeit, ehe sie hilft. Es scheint nur loses Geschwätz zu sein, um Gustav am Leben zu erhalten.

Die Welt ist grausam, sehr grausam.

(Neue Seite)
Worin besteht dann der Streit? Als Aufsichtsratsvorsitzender soll man integrierend wirken und sich nicht in die Führung des Betriebes einmischen, solange der Vorstand nichts beanstandet.

Der Vorsitzende hat mich ganz einfach hintergangen, ohne daß irgendjemand von ihnen weiß, wie wir uns die Zukunft vorstellen.

Ich habe niemals jemandem mißgönnt, ein höheres Gehalt zu bekommen, aber in diesem Fall, wo ich eine reine Verschwörung zwischen Rudolf und Gudrun sehen kann, bin ich schwer beklommen. Daß Rudolf sie ausgenutzt hat, Auszahlungen zu machen, die völlig ungesetzlich sind, worin Olle einen Einblick bekam und was er bestätigen kann.

Das Bemerkenswerte ist, daß ich 10 Jahre ohne Beanstandung in der Firma gearbeitet habe. Noch am 1. April, exakt zum 25jährigen Jubiläum von Gustavs Dienstantritt, wurde ihm vom Präsidenten und Vizepräsidenten die Aufwartung gemacht, wobei der Präsident in seiner Rede voll des Lobes war. – Wie kann man sein Mäntelchen so rasch nach dem Wind hängen, daß man unter den Vorstandsmitgliedern über meine Entlassung diskutiert hat? Ich möchte mitteilen, daß ich vom 19. ein Protokoll habe, wonach das Arbeitnehmerschutzgesetz auch mich umfaßt. Alle Streitigkeiten müssen lösbar sein, also auch diese; es sollte einen Weg aus der Krise heraus geben.

Wir haben ja doch viele Jahre hindurch für dasselbe Ziel gearbeitet, Rudolf und ich, und Gudrun und ich ebenfalls. Es wäre wohl doch merkwürdig, wenn man nicht zurechtkäme in der kurzen Zeitspanne, die noch übrig ist, ehe wir in Pension gehen. Diese Zeit ist ja für keinen von uns so weit entfernt.

11. 9., 15.15 Uhr
Die Frauen kommen zum Vorschein.

Alle haben so viel zu tun, aber nicht ich. Bin zweimal im Konsum gewesen, ebenso inhaltslos. Habe Wolle für eine Weste gekauft, die ich für Gustav gedacht habe, nichts Lustiges, aber trotzdem. Habe Lisa angerufen. Hatte vor hinzugehen, aber sie war mit Großreinigung beschäftigt, danach wird sie über das Wochenende nach Borås fahren. Sie macht jeden Montag einen Waldspaziergang, aber da gibt es nur Pensionisten. Nein, das ist auch nichts für mich. Was soll ich machen, wohin soll ich gehen. Kein Ziel, kein Sinn in irgendetwas. Was für eine Strafe ich bekommen habe. – Gustav ist so gut zu mir, aber das muß letzten Endes hoffnungslos sein, so depressiv wie ich bin.

(Das folgende ist in einem Zusammenhang geschrieben, aber ohne Datum)

Yngve hat ein Formular über Arbeitsschäden bekommen. Das wollte Rudolf nicht annehmen; es sollte ihm von der Versicherungskasse zugeschickt werden oder in diesem Fall von mir.

Der Vorstand akzeptiert keinerlei Pension.

Y hat ihnen gesagt, daß ich arbeiten will und nicht über Pension reden.

Kann zurückkommen. Der Vorstand kann Arbeitsaufgaben für mich schaffen.

Was das sein könnte – darauf ist Y nicht eingegangen.

Y ist bereit, nächste Woche dabei zu sein und Rudolf zu treffen. Er hatte versucht, die Situation zwischen Gudrun und mir zu lösen, aber das ist nicht geglückt.

Y verreist in der Woche vom 4. 11.

(Ohne Datum)
Ich ging nicht nach Hause von der Arbeit, ehe die Zeit abgelaufen war; ging um 15.50 Uhr mit 2 Erledigungen.

Y hat um 9.20 angerufen.
War Mittwoch Nachmittag beim Vorstand.

Rudolf hat gesagt, daß er den Grund zu meiner Antwort ermitteln würde – unfreundlich. Er hatte über folgendes geklagt:
Daß ich zu früh nach Hause ging. (Es war die volle Zeit, die Arbeit war fertig, sollte zur Post gehen.)
Daß ich unfreundlich war, sogar Kunden gegenüber.
Daß ich die Terminalarbeit nicht zurückbekommen werde.
Das hätte ich nicht geschafft, hätte nicht funktioniert, laut Rudolf.

Ich überlege so: Wenn man eine Arbeit schaffen soll, wie wird es, wenn diese Arbeit ausgeht? Können sie mich dann kündigen?

Kann ich gekündigt werden, wenn ich 10 Jahre lang dort gewesen bin? Andere haben später begonnen.

Irmgard z.B.

Kann nicht die Gewerkschaft den Vorstand zwingen, mir meine Arbeit zurückzugeben. Keiner war ja ausgelernt. Die neue Terminalarbeit gab es ja erst seit zwei Monaten.

Früher war ich ja fünf Jahre damit beschäftigt, ohne Beanstandung.

Er hat das Problem (Gudrun gegen mich) nicht zusammen aufgegriffen. Weihe Y in die Situation ein.

Gustav!
Kristine hat vorgeschlagen, daß Du Bo anrufst und die Situation erklärst. Daß ich so gewillt bin zu arbeiten, aber nicht bei dieser Firma sein kann – wegen Schikanen (von Gudruns Seite). Bitte .... *(durchgestrichen mit Feder)* vorzuschlagen, daß ich umgehend mit einer Probeanstellung ohne Lohn beginnen darf. Ich werde dann um unbezahlten Urlaub von der Firma ansuchen, um eine andere Arbeit auszuprobieren, oder wenn die Versicherungskasse billigen kann, daß ich während der Probezeit krankgeschrieben bin. Rudolf ... *(durchgestrichen)* die Zeit nach Weihnachten war bei mir *(durchgestrichen)* wegen verschiedener Dinge. (Damals war er Chef.) 1983 klagte ich ihm gegenüber, daß Gudrun nicht mit mir sprach, mich wie Luft behandelte.

Nun hat Rudolf der Gewerkschaft gesagt, daß er mehrmals versucht hat, das zu lösen, es aber nicht geglückt ist.

Hat niemals versucht, die Sache mit uns beiden zusammen in Ordnung zu bringen, sondern er sagte zu mir, daß es keinen Sinn hatte, nachdem er mit Gudrun gesprochen hatte.

Behauptet nun, daß ich meine Terminalarbeit nicht zurückbekomme, daß es nicht funktioniert hätte.

Ich war ja nur 2 1/2 Monate damit beschäftigt gewesen, als ich krank geworden bin. Bin mir klar darüber, daß es noch viel gab, was zu verbessern war. Niemand im Büro konnte es ganz.

Ich glaube zu wissen, daß ich nicht mehr Fehler als andere gemacht habe. Muß nun Hilfe bekommen, wenn ich zurückkomme. Man hat sich dessen entzogen. Ich mußte auf eigene Faust arbeiten, keine Beratung vom Filialleiter.

Ich habe die Abrechnung 4 Jahre lang über gehabt, ohne Beanstandung. Kontakt mit P.

Nach so langer Abwesenheit sollte man wohl über das Neue unterrichtet werden, das passiert ist.

Rudolf meint, daß man eine Arbeit für mich schaffen wird. Muß ich dann nach 10 Jahren Dienst gehen? Was passiert, wenn die Arbeit zu Ende geht?

Wenn die Arbeit aufhört, nachdem man am 1.6. eine Neue zu meiner Terminalarbeit gesetzt hat? Sie wußte nichts über Computer, hatte keinen Kurs gemacht. War seit September sechs Monate ohne Anstellung. Gustavs Fall soll wohl nicht mir auf den Kopf fallen. Es ist unmöglich, mit 57 eine neue Arbeit zu finden.

Ich erkrankte zuerst an Grippe, dann psychisch. Fühle mich niedergeschlagen wegen Rudolfs Vorgangsweise.

Verstehe nun, daß man nicht gesund werden kann, wenn man ständig Tabletten ißt.

Wenn man arbeiten will, natürlich unter annehmbaren Bedingungen.

12. 10. 85

Was für Tage, lange.

Oh, Ingrid, daß Du so werden würdest. Du bringst ja Deinen Mann um. Er versucht zu trösten.

15. 10.

Keine Arbeit, etwas so Hoffnungsloses gibt es nicht. Die Tage vergehen wie Jahre. Ich fühle mich sehr schlecht. Warum habe ich diese Strafe bekommen. Ich vermisse unsere frühere Wohnung so sehr, daß ich verrückt werde. Hier, in der neuen, ist es wie in einem Gefängnis. Keinen Menschen sieht man im Stiegenhaus oder draußen. Da muß man nahe am Fenster stehen. Ich halte das nicht aus. Meine Freundin sollte mit ihrem Bruder und ihrer Schwägerin hierher kommen. Werden ja sehen, ob das geschieht. Dennoch nichts, worauf man sich freuen kann. Oh, wie ich Arbeit und Wohnung vermisse. Milde Mächte, was für ein Idiot ich gewesen bin, die ich die schönste Wohnung der Stadt verkauft habe, sowohl Lage als auch Aussehen betreffend. Ich halte es nicht aus.

22. 10. 85

Was für Tage, was für Nächte. Marianne war gestern hier. Ich bin so neidisch auf sie, die so schön wohnt. Hätte mir nicht träumen lassen, daß der Standard in einem neuen Haus schlechter wäre, als in einem, das 40 Jahre alt ist, aber so ist es nun einmal. Oh, wie dumm ich gewesen bin. Kann mich nicht damit abfinden, wie ich gehandelt habe. Gustav wird nicht damit belastet. Werden sehen, ob Y morgen von sich hören läßt; kaum vor Donnerstag. Da soll ich zu einer Firma für ein Interview, aber ich erhoffe mir überhaupt nichts davon, ich betrachte alles, was mich betrifft, nur negativ. Das ist unerträglich. Gustav verliert die Geduld und ich verstehe ihn, trotz allem. Rudolf ist schuld daran.

Ebenso wie der übrige Vorstand, der nur ihm zugehört hat. Gustav hat sich nicht verteidigen dürfen. Rudolf ist mit seinen Lügen alleiniger Sprecher gewesen. Gudrun hat Lügen aufgetischt, um selbst an die Macht zu kommen. Sie ist so falsch, ist es immer gewesen. Hat mich durch Ausfrieren und Mobbing schikaniert.

(Neue Seite)

Meine Krankheit hat die Situation verschlimmert, wurde akut, so daß ich auf die Psych *(gemeint ist die Psychiatrie)* fahren mußte.

Man wollte mich dorthin bringen, aber das war fällig.

Es sind Verhandlungen mit der Gewerkschaft im Gange, denn man will mir nicht meine Terminalarbeit zurückgeben, behauptet, daß es nicht funktioniert hätte. Müssen neue Arbeit schaffen, aber haben nicht gesagt, was es ist.

Wenn Mangel an Arbeit entsteht, befürchte ich, daß ich meine Arbeit verliere. Wage und kann in diesem Zustand weder verhandeln noch zurückkehren.

Erledigung des Arbeitsschadens: Soll der Arzt zuerst bestätigen, worauf die Krankheit beruht?

(Ohne Datum)

Schikanierung
Schwache Position

Müßte nicht die Gewerkschaft mithelfen? Wir sind ja zwei verschiedene Personen. Gustav ist ja jetzt weg?

Arbeitsschaden – Entschädigung – neue Arbeit ist unmöglich zu bekommen. Wovon soll ich bis zur Pension leben?

(Neue Seite)
Sich zusammenrotten.
Kann man Menschen so leicht loswerden?
Was gibt es für Gründe, weshalb ich weg soll?
Sie haben ja selbst entschieden, daß ich eine fixe Anstellung bekam?
Dürfen andere mir gegenüber reden und sich aufführen, wie sie wollen?
Aus welchem Grund hat Rudolf meine Beschwerde von 1983 betreffend Gudrun, die nicht mit mir spricht, nicht aufgenommen? Rudolf antwortete nur, daß es keinen Sinn hatte nach einem Gespräch mit Gudrun. Das hätte dem Vorstand wohl gemeldet werden sollen?
Ich halte es jetzt nicht mehr aus; war am Freitag auf der Psych, habe Depressionen bekommen.
Ist es nicht Pflicht der Gewerkschaft, einen Versöhnungsversuch zu unternehmen?
Können wir uns am Dienstag treffen, so daß ich jemanden bei mir haben kann?
Es ist ja unmöglich, eine neue Arbeit zu bekommen. Hohes Alter.

(Neues Papier mit Schmierereien)
Ab – schaffen,
müssen andere Arbeit schaffen.

Wenn Du willst, Rudolf.
Warum will man andere Arbeitsaufgaben geben?

Nachmittag
Versicherungskasse muß Formular über Arbeitsschaden schicken; Rudolf hat das, das ihm Yngve gegeben hat, nicht angenommen.
Arbeitgeber: Von einer Pension kann keine Rede sein.
Der Vorstand wird keine Pension akzeptieren.
Darauf war ich nicht aus, laut Y.

(Neue Seite)
Worin bestehen die Schwierigkeiten?

Elsa	–	keine Probleme, im Gegenteil, es ist sehr gut gelaufen
Lennart	–	ganz ausgezeichnet
Irmgard	–	ganz ausgezeichnet, arbeiten sehr gut zusammen, haben gleiche Wertvorstellungen von Dingen

Lisa – arbeitet vorübergehend ca. 8 Monate, überhaupt keine Probleme, sehr tüchtiges Mädchen

Agnes – keine Kooperationsschwierigkeiten von meiner Seite, aber Gudrun ist nicht nett zu ihr.

Olle – der aufgehört hat, keine Kooperationsschwierigkeiten. Im Gegenteil – viel Lob für all die Hilfe, die er bekam.

Mona – die aufgrund der Schwangerschaft aufgehört hat, sehr gute Zusammenarbeit.

(Neue Seite, undatiert)
Gudrun hat niemals mit mir gesprochen, seit ich begonnen habe. Hatte mehrmals den Arzt wegen Nervosität aufgesucht, habe ihn *(?)* wiederholt ertappt, weil es unerträglich war, aber erholte mich immer wieder. Sagte zu Gustav, daß ich mich um meine eigenen Angelegenheiten und nicht um sie kümmere.

Februar – März 1983 war das Maß voll, und so sagte Gustav, daß wir nun mit dem Chef *(Rudolf)* darüber sprechen müßten. Ich wurde in Gustavs Zimmer gerufen, wo auch Rudolf war. Ich sollte sagen, was ich mit Gudrun durchmachte.

Antwort von Rudolf, daß es ja nicht so sein dürfe, dagegen müßten wir etwas unternehmen, aber können wir warten, bis die Schlußbilanz vorbei ist.– Ich antwortete, ja gewiß, das können wir machen.

Ich hatte mir erwartet, daß wir uns zusammensetzen und uns über die Ursachen aussprechen würden, aber nichts passierte. Ich habe monatelang darauf gewartet.

August – September 83 kam Irmgard und bat, daß ich unterschreiben solle, daß Gudrun zum örtlichen Vertreter der Gewerkschaft erwählt worden war. Ich hatte früher nichts davon gehört. (Der frühere Vertreter hatte im Juli 83 infolge von Krankheit aufgehört.)

Das Abkommen zwischen Rudolf und Gustav, die Arbeitsbereiche des anderen zu beachten, wurde im Dezember 83 getroffen.

Der Streit flammte im Frühjahr und Winter 84 erneut auf. Gustav durfte nie dabei sein, obwohl er dem Vorstand angehörte. Der Gewerkschaftsvertreter kam am 28. Mai 84 (glaube ich) zu Gustav herein und sagte: „Sie wollen Dich entlassen, aber ich glaube, es gelingt mir, es bei einer Warnung zu belassen."

Gudrun hatte zuvor zweimal den Funktionär gerufen. Ein Abkommen wurde Gustav präsentiert, wonach er bleiben durfte, wenn ich kündigen würde. Erpressung in Gegenwart zweier Zeugen.

Der Streit führte dazu, daß mit Gustav am 6. 7. 84 ein Abkommen geschlossen wurde, die Firma nach 25 Jahren zu verlassen, Gehalt bis zum 31. 12. 85, danach Pension.

Der Computerkurs für mich war storniert, aber ich durfte fahren, nachdem es noch Plätze gab. Neue Arbeitsplatzbeschreibung, Vorschlag im Oktober 84, ausgearbeitet vom Vorstand.

Ich sollte mich um Computer, Mahnungen, Mahnverfahren und dazugehörige Arbeit kümmern. Gudrun sollte meine Vorgesetzte sein.

Ich fragte, wie wir, die wir nicht miteinander sprechen, zusammenarbeiten können sollten. Das kann ich nicht verstehen. Gudrun sagte, daß wir es versuchen müßten. Man fragte, ob ich das gutheißen würde. Antwort „ja" von mir. Man hatte ferner Postpeilung und Fakturakontrolle zu meiner Arbeitsplatzbeschreibung hinzugefügt. Wir arbeiteten; ich versuchte es, so gut ich konnte. Ich besuchte zwei Kurse, Gudrun einen. Als ich den Jänner abstimmen sollte und Gudrun fragte, antwortete sie, daß sie „keine Zeit habe". Wen soll ich dann fragen, habe früher keine Mahnverfahren gemacht! Antwort: Frage Lennart. Sie sagte auch zu mir, daß alle anderen Überstunden machten, daß ich das auch machen sollte.

Ja, wenn es bestellte Stunden gewesen wären, aber das war nicht der Fall.

Im Mai 83 sagten Irmgard u.a., daß es keine Kooperationsschwierigkeiten gab, sondern im Gegenteil, daß alles gut war. „Man spürt ja nicht, daß es die Frau des Chefs ist!"

(Neue Seite)

1. Versicherungskasse hat Rudolf kontaktiert. Der Vorstand soll die Anzeige über berufsbedingten Gesundheitsschaden ausfüllen.
2. Ich bin selbst auf der Psych gewesen. Habe nun Depressionen. Arztbesuch am 4.11. Kann an den Verhandlungen nicht teilnehmen.
3. Lasse den Vorstand im Protokoll oder schriftlich präzisieren, daß ich die Terminalarbeit nicht ausführen kann.
4. Versetzung. Wie sicher ist diese Anstellung?

Ludiomil zu Ende am 18. 10.
Tikonox + Stesolid 5 mg manchmal
Propavan habe ich mich nicht zu Ludiomil nehmen getraut.
Ich bin bis zum 5. 11. krankgeschrieben, Kontrollbesuch am 4. 11.

Kann man Ludiomil essen und zur Arbeit zurückkehren?

Will es gerne versuchen, so wie ich mich jetzt fühle.

Die Arbeit ist ein großes Problem, aber mache jetzt mit der Gewerkschaft weiter. Das ist Isolation am Arbeitsplatz, infolge der Umstände mit meinem Mann, wo ich in die Klemme gekommen bin.

Tikanox
Stesolid
Propavan

Ich will gerne versuchen, wieder zu arbeiten.

(Neue Seite)
Nun halte ich es nicht länger aus, so unterdrückt zu werden. Es wird bloß schlimmer. Ihr müßt versuchen, zurechtzukommen, so gut es geht, ich bin ja doch für niemanden nützlich. Ich fühle mich hier in der Wohnung nicht wohl, ich kann mir nicht verzeihen, daß ich eine so schöne Wohnung aufgegeben habe. Es muß auch schon damals etwas im Kopf nicht gestimmt haben.

Ich fühle mich wie in einem Gefängnis, rundherum ist kein Mensch zu sehen.

Wie konnte ich ausgerechnet so eine Wohnung wählen.

Der Standard ist auch so schlecht, daß es in der alten besser war. Wir hätten sie renovieren können. Ich habe nie den Mut, hinzugehen und Marianne zu besuchen.

(Undatiert)
Ich bekomme meine Arbeit nicht zurück, das schaffe ich nicht laut Gudrun und Rudolf. Sie machen ja alles, um uns das Leben zu vermiesen. Gustav und Bengt glauben, daß man über die Gewerkschaft Hilfe bekommen kann, aber so ist es ja überhaupt nicht. Eine kreierte Arbeit kann jederzeit zu Ende gehen. Ich weiß, daß ich den Terminal geschafft hätte, aber man hat mir ja niemals irgendeine Bestätigung geben können. Alle haben sich gegen mich zusammengerottet; Oh, wie ich leide. Es ist nicht daran zu denken, einen anderen Job zu bekommen.

Ich will Weihnachten 85 nicht erleben.

Sehe es wie einen Alptraum. Auch nicht Gustavs Geburtstag. Da kann man nichts machen, ich muß weg, halte es hier nicht mehr aus.

Oh, wie ich unter dieser Situation leide. Die Nerven sind mehr als angespannt. Weiß bald nicht mehr, was ich vorhabe. – Die Kinder müssen selbst durchkommen; ich bin keine Freude für sie. Gustav hat es besser, wenn er auf sich allein gestellt ist. Ich falle bloß zur Last und bin unmöglich. Ich leide selbst mehr, als irgendjemand ahnt.

Trauert nicht um mich. Es ist am besten, wie es geschieht.

(Ein ausgeschnittenes Gedicht, das von einer Todesanzeige zu sein scheint)

Sterben kann nicht gefährlich sein
Wenn das Leben einen harten Kampf anzubieten hatte
Einzuschlafen, ganz behutsam weggetragen zu werden
Kann nichts anderes sein als ruhiger Frieden

Verzeiht mir

(Handgeschrieben auf derselben Seite wie das Gedicht)

4. Chronologie

Wenn wir einen wissenschaftlichen Terminus für die Analyse, die nun folgt, verwenden wollen, so lautet dieser „critical incident"- Analyse, eine Analysemethode, die kritische Ereignisse in einem Verlauf untersucht (FLANAGAN 1954). Aber es fällt mir schwer, in kühlen, logischen, wissenschaftstheoretischen Gedankengängen zu verharren angesichts eines so ergreifenden Menschenschicksals wie Ingrids.

Die folgende Chronologie hat eine bedeutende Funktion, insofern als sie auf eine unverhülltere Weise als das Tagebuch eine Struktur bloßlegt, die ich so oft auch in anderen Fällen von sozialem Abstieg im Schatten der psychischen Gewalt im Berufsleben angetroffen habe. Eine chronologische Bearbeitung eines solchen Materials erleichtert es also, an die Struktur dieses Falles heranzukommen. Sie wird als Dokumentationsmuster für diejenigen empfohlen, die mit ähnlich bedauernswerten Schicksalen arbeiten.

In der linken Spalte (Kapitel 4.1 bis 4.4) fasse ich die Ereignisse zusammen, in der rechten Ingrids unmittelbare Reaktionen und Gedanken, wie sie sie in ihrem Tagebuch beschreibt. Die Chronologie zeigt also Ingrids Bild vom Gang der Ereignisse. Es ist ja auch dieses Bild, *ihr* Bild, das allmählich hinter ihrer Wahl stand, Abschied vom Leben zu nehmen.

Ich habe bewußt auf komplettierende Interviews verzichtet, um die Ereignisse so genau wie möglich beschrieben zu bekommen. Alles andere wäre eine Verfälschung geworden. Eine objektive Beschreibung vom Hergang der Ereignisse ist interessant für eine juridische Beurteilung der Situation. Ich will indessen die Situation zeigen, wie sie *Ingrid* erlebt hat.

4.1 Das tägliche Unbehagen

Ereignisse, wie Ingrid sie erlebt hat	*Ingrids Gefühle und Reaktionen*
Dezember 1979	
Isoliert von den Arbeitskameraden. Sie sprechen nicht mit ihr. Kleinere Konflikte um kleinere administrative Arbeiten, die oft in Unordnung zu sein scheinen. Im Büro hat man Angst, Fehler zu machen. Ingrid er-	Schlaflosigkeit; feindliche Einstellung gegenüber Arbeitskollegen; fürchtet zusammenzubrechen – will durchkommen; weint oft; denkt an andere Arbeit, aber weiß nicht wo;

lebt ihren unmittelbaren Chef (eine Frau) als unausstehlich.

will den Ehemann heraushalten; sie denkt, daß er wichtigere Dinge zu tun hat; besucht Arzt wegen „Beschwerden mit den Nerven".

21. Dez. 1979

Zum Geburtstag ihres Mannes hat das Personal Torte und Geschenk gekauft; ihr wurde über die Geldeinsammlung nicht Bescheid gesagt, und sie fühlt sich ausgeschlossen.

Ist sehr entrüstet und weint stundenlang; einer der Arbeitskollegen kommt später und bittet um Entschuldigung.

April 1981

Die Stimmung zwischen Ingrid und ihrer Vorgesetzten ist weiterhin schlecht. Die beiden und Ingrids Mann diskutieren die Lage in seinem Bürozimmer.

Sie verabscheut sie und will in einem eigenen Zimmer sitzen.

Keine Zeitangabe

Der Ehemann, der Betriebsleiter, ist gegen die Zusammenlegung mit einem anderen Tochterunternehmen.

4.2 Das Mobbing wird deutlicher

Februar 1983

Ingrids Bruch mit ihrer Vorgesetzten wird immer belastender. Dem Aufsichtsratsvorsitzenden der kleinen Firma wird eine Meldung über die Verhältnisse gemacht. Er will vermitteln, aber tut es dann doch nicht.

Sie erwartet sich, daß sich alle versammeln und aussprechen, so daß alles gut wird; sie hat Hoffnung auf eine Versöhnung; aber kein Treffen kommt zustande; die Monate vergehen.

Dezember 1983

Nach einer Anzahl von Konflikten untereinander treffen der Aufsichtsratsvorsitzende und der Betriebsleiter, Ingrids Mann, ein Übereinkommen, die Verantwortungsbereiche des anderen zu respektieren.

Februar 1984

Neue Streitigkeiten zwischen dem Vorsitzenden und dem Betriebsleiter.

1. April 1984

Gustav ist 25 Jahre im Betrieb. Ihm wird vom Aufsichtsratsvorsitzenden, der voll des Lobes für ihn ist, die Aufwartung gemacht.

Ingrid glaubt an diese Lobeshymnen, die ihr neue Hoffnung geben, daß doch alles in Ordnung gebracht wird, und daß der Vorstand eine gute Lösung finden wird.

11. April 1984

(Aus dem Tagebuch geht nicht hervor, was bei einer wichtigen Zusammenkunft geschah, wo über das Schicksal des Paares entschieden wurde.)

Ingrid fragt sich rhetorisch: Kann der Arbeitgeber mit Angestellten (ihrem Mann), die als unbequem gelten, beliebig verfahren? Sie spielt mit dem Gedanken, sich „bis zur Pension" krankschreiben zu lassen. Kann ihre Nervosität vielleicht ein Arbeitsschaden sein? „Was ist meine Zukunft?" Ihr Mann glaubt, daß der Vorstand das Ganze in Ordnung bringen wird

Mai 1984

Ingrids Mann wird auf „Schleichwegen" Bescheid gegeben, daß ihn der Vorstand entlassen will, aber daß man sich vielleicht mit einer Warnung begnügt. Ihm wird vorgeschlagen, bleiben zu dürfen für den Fall, daß Ingrid kündigt. Ingrid erwartet sich, daß ihr der Vorstand eine andere Arbeit gibt; bittet den Arzt um eine Überweisung zur Gesprächstherapie.

Juni 1984

Ihr Mann, der Betriebsleiter, wird beschuldigt, Ingrids weibliche Vorgesetzte im letzten Halbjahr schikaniert zu haben; Bericht darüber an den Vorstand. Dessen Vorsitzender will das nicht bei einer Vorstandssitzung zur Sprache bringen; will außerdem, daß Ingrid ihre Anstellung nicht aufgibt. Es geht das Gerücht um, daß ihr Mann aufgrund seiner Selbständigkeit vom Job hinausmanipuliert werden soll.

Ingrid ist entrüstet und will, daß der Vorstand seine „Verantwortung übernimmt" und die Sache in Ordnung bringt, nimmt dazu Stellung, daß die Beschuldigungen falsch sind; hofft noch immer auf ein Gespräch in der ganzen Personalgruppe, so daß es zu einer guten Zusammenarbeit kommt.

Juli 1984

Man diskutiert eine Vereinbarung, wonach Ingrids Mann das Unternehmen verläßt – mit vollem Gehalt bis Jahresende 1985.

August 1984

Im August ist Ingrid nach ihrem Krankenstand zurück im Dienst. Die weibliche Vorgesetzte behandelt sie nach der Rückkehr „wie Luft"; geht vorbei, ohne zu grüßen. Ingrid bekommt keine Arbeitsaufgaben und sitzt unbeschäftigt herum.

September 1984

„Alle haben so viel zu tun, nur ich nicht. Die Tage vergehen wie Jahre. Kein Ziel. Kein Sinn."

September 1984

Konflikte innerhalb des Personals wegen einer anstrengenden Arbeitsaufgabe; neue Arbeitsplatzbeschreibungen sollen kommen.

Oktober 1984

Ingrid bekommt eine neue Arbeitsplatzbeschreibung. Sie hatte Bescheid bekommen, daß sie nicht in einen Computerkurs gehen sollte, für den sie angemeldet war, aber darf gehen, weil ein Platz frei war. Ihre neuen Aufgaben: Computer, Mahnungen, Mahnverfahren, Post, Fakturakontrolle. Es wird nun auch formal bekräftigt, daß ihre ehemalige Vorgesetzte ihre Chefin ist. Als Ingrid von ihrem Kurs zurückkommt, fühlt sie, wie sie von den anderen isoliert wird.

Sie ist unruhig: Wie wird es gehen? „Wir haben ja niemals zusammenarbeiten können? Wir haben ja niemals miteinander sprechen können?" Sie fühlt eine große Unruhe demgegenüber, was nun passieren wird und glaubt, daß es alle anderen schon wissen, aber sie nicht. Sie hat Angst davor, entlassen zu werden, und glaubt, daß es mit „zwei Jahresgehältern" sein wird; ihr Mann tröstet sie und sagt, daß man immer Bedenkzeit bekommt. Ingrid ist sehr unruhig und nervös.

4.3 Personaladministrative Behandlung

Ingrid bekommt eine Woche Bedenkzeit (im Tagebuch wird nicht enthüllt, worum es sich handelt, auch nicht, wie die endgültige Entscheidung ausfallen wird).

November 1984

Weitere Isolierung. Kleinere Arbeitskonflikte.	Große Unruhe und Lebensangst. Glaubt, daß die Arbeitskollegen sie weg haben wollen. Ist beunruhigt wegen der Anstellung des Gatten.

Jänner 1985

Der Aufsichtsratspräsident kritisiert sie wegen der Ausführung der Arbeit, und weil sie über die Arbeitskollegen klagt; er gibt ihr eine „Verwarnung“.	Sie ist schockiert, fühlt sich niedergetrampelt; hat Angst, gekündigt zu werden.

Februar 1985

Der Aufsichtsratspräsident will ein Gespräch führen: Ingrid wird angeklagt, weil sie „draußen in der Stadt“ sagt, daß sie am Arbeitsplatz verfolgt wird. Auf ihre Frage, warum er das ganze Problem nicht 1983 aufgegriffen hat, bekommt sie als Antwort, daß er damals nicht wollte. Etwas später will er ein weiteres Gespräch führen und beschuldigt Ingrid dann, unfreundlich zu sein.	Ingrid regt sich sehr auf und läßt sich krankschreiben.
Das Büro wird auf Computer umgestellt.	

31. März 1985

Gedanken über eine eventuelle zukünftige Spaltung im Vorstand, wo gewisse Personen, u. a. der Vorsitzende, gezwungen werden können, zurückzutreten, und darüber, daß eine Situation entstehen könnte, in der ihr Mann Vorsitzender werden könnte. Sie fragt sich ängstlich: Was wird am 11. April geschehen? Kann ihr Mann auf eine würdige Weise im Betrieb aufhören? Sie findet, daß ihm einen großer Schadenersatz gebührt und daß er die Ehre zurückbekommen sollte. Sie findet auch, daß sich der Vorstand zu einem wesentlich früheren Zeitpunkt um die Verhältnisse im Betrieb kümmern hätte sollen. „Wage ich es, nach dem Krankenstand zur Arbeit zurückzukehren?", fragt sie sich. Der Aufsichtsratspräsident soll angeblich ganz wild sein und ihr auch schaden wollen.

„Aber es ist ja er, der den Arbeitskreis und den gesamten Vorstand irregeführt hat."

(Aus dem Tagebuch geht nicht hervor, was im Betrieb während ihres Krankenstandes geschehen ist und welche Funktion „der Arbeitskreis" hat.)

4.4 Der soziale Abstieg

Oktober 1985

Ein Gewerkschaftsvertreter *(Betriebsrat)* hat ein Formular für die Anzeige von Arbeitsschäden beschafft. Der Vorsitzende weigert sich, es entgegenzunehmen.

Der Vorstand lehnt ihren Antrag auf Frühpensionierung ab. Sie will am liebsten weiterarbeiten. Der Vorstand soll Arbeitsaufgaben für sie "schaffen".

Sie überlegt: Wenn nun die „geschaffene" Arbeit aus ist, kann sie dann gekündigt werden? Große Unruhe.

Der Gewerkschaftsvertreter trifft den Vorstandspräsidenten, der eine „erschöpfende" Untersuchung darüber haben wollte, warum Ingrid so geantwortet hat, wie sie es getan hat. (Im Tagebuch wird nicht erwähnt, um welche Frage es sich handelte.) Der Gewerkschafter erzählt, daß der Präsident viele Klagen über sie hätte.

Ingrid versucht, einen neuen Job zu finden.

Oktober 1985

Ingrid bekommt weiterhin – obwohl zwei Monate seit ihrer Rückkehr vom Krankenstand vergangen sind – keine Arbeitsaufgaben im Büro.

Sie sehnt sich verzweifelt nach ihrer früheren Wohnung.

Sie soll zu einem Einstellungsgespräch.

Sie hat keine Hoffnung auf eine neue Arbeit, sieht alles negativ.

Die Angelegenheit wegen des Arbeitsschadens ruht noch immer bei der Gewerkschaft. Der Vorstandspräsident weigert sich, das Formular anzunehmen. Man unternimmt einen neuerlichen Versuch, indem man es über die Versicherungskasse *(Sozialversicherung)* schicken läßt.

Die Versicherungskasse bittet, daß der Vorstand die Anzeige über Arbeitsschaden ausfüllt.

4. November 1985

Neuerlicher Arztbesuch vor dem 5. November, da die frühere Krankschreibung aufhört. Diagnose: Depressionen. (Aus dem Tagebuch geht kein neuerlicher Krankenstand hervor.)

„Ich halte es nicht mehr aus. Ich gebe auf. Bin zu keinem Nutzen. Fühle mich in der Wohnung nicht wohl.“

8. November 1985

„Die Nerven“ werden schlechter. Ingrid fährt auf die psychiatrische Klinik, soll eventuell im Spital bleiben. Diagnose: Depressionen.

Verhandlungen mit der Gewerkschaft sind im Gange. Sie wird ihre alte Arbeit nicht zurückbekommen. Sie soll neue Arbeitsaufgaben bekommen, die jedoch erst „geschaffen“ werden müssen. Ingrid hat in ihrer Arbeitszeit noch immer nichts zu tun.

Sie überlegt: Wovon soll sie bis zur Pension leben? Sie ist 57 Jahre alt.

Keine Zeitangabe

Der Vorstandspräsident beschließt, daß sie nicht weiter arbeiten kann. Er und ihre weibliche Vorgesetzte meinen, daß sie keine Arbeitsaufgaben mehr schafft.

Selbstmordgedanken. „Ich muß weg, es hilft nichts."

Etwas später im selben Jahr nimmt sich Ingrid das Leben.

Keiner ihrer Arbeitskollegen ist bei ihrer Trauerfeier anwesend.

5. Der Weg zum totalen sozialen Abstieg

Die unglücklichste Anwendung des Materiales, das ich hier publiziert habe, wäre, vereinfachte Schlußfolgerungen zu ziehen. Gewisse psychische Gewalt und gewisse Versuche des Unternehmens, mit administrativen Beschlüssen Konfliktherde im Berufsleben zu ersticken, *müssen nicht automatisch zur Folge haben,* daß Menschen sich das Leben nehmen. Selbstmord ist einer jener Auswege, den verzweifelte Menschen in ihrer Not wählen können, wenn sie ihre Situation als völlig hoffnungslos erleben und keine Zukunft mehr für sich sehen. Meine Analyse von Ingrids Schicksal kann deshalb nicht der Beurteilung der Schuldfrage von einzelnen Menschen oder deren Unterlassungssünden zugrunde gelegt werden. Zumindest will ich nicht, daß meine Arbeit auf diese Weise mißbraucht wird.

Erfahrungen von der Art, wie sie hier für einen allgemeinen Einblick vermittelt werden konnten, verdienen eine spezielle Demut von uns, die wir zur Kenntnis zu nehmen haben. Ingrids Hinscheiden bedeutet für alle, die sie gekannt haben, eine große Tragödie, die in jeder Hinsicht unseren tiefen Respekt verlangt. Aber unsere Demut muß beinhalten, kollektiv Lehren daraus zu ziehen. Die Demut muß auch im Willen auslaufen, die grundlegenden Verhältnisse generell zum Besseren zu verändern. Wenn das Betriebsklima so schlecht ist, daß ein Mitmensch entscheidet, sich das Leben zu nehmen, weil er es nicht mehr aushält, dann müssen wir anderen uns Fragen stellen.

Ingrid ist nämlich nicht der einzige Selbstmordfall nach psychischer Gewalt im Berufsleben. Unabhängig davon, ob die Gewalt bewußt gewählt wird oder das Resultat von Gedankenlosigkeit oder mitmenschlichem Unvermögen ist, kann das Berufsleben für das Opfer zu einer unerträglichen Qual werden. Arbeitssituationen, in denen Menschen aus der Arbeitswelt hinausgeworfen werden, sind sehr ernst. Leider scheinen sie sehr häufig zu sein. Diese Verhältnisse in Betrieben und Verwaltungen sichtbar zu machen, ist eine wichtige Aufgabe, die Arbeitgeber, Gewerkschaftsvertreter und Betriebsärzte haben.

Psychische Gewalt, die im sozialen Abstieg resultiert (und Selbstmord zur Folge haben kann), passiert nicht zufällig. Es gibt eine Struktur, die man leicht erkennen kann, wenn man sich darum bemüht hinzusehen. Die Struktur gibt Auskunft über die speziellen Arten, in der die Arbeitseinsätze der Menschen organisiert und geführt werden, Arten, die extrem belastende Nebenwirkungen haben können.

Noch ist es zu früh, aufzuzeigen, worin die Unterschiede im Detail bestehen – die Unterschiede zwischen einem psychisch gesunden und einem destruktiven Arbeitsklima. Aber ein Muster, wenn auch noch immer schwach, kann wahrgenommen werden: Es ist nunmehr möglich, die Struktur in dem Verlauf, der vom Konflikt und Mobbing zu einer totalen

Eliminierung aus dem Arbeitsleben führt, zu beschreiben. Die Skizze, die ich auf Seite 57 über solche Verhältnisse gebe, baut nicht nur auf Ingrids Schicksal auf, sondern auf Analysen von ungefähr 100 schweren Fällen, die dazu geführt haben, daß das Individuum (unabhängig vom Alter) hinausgeekelt worden ist und nicht ins Berufsleben zurückkehren konnte.

Ich habe in diesem Zusammenhang eine Definition von sozialem Abstieg, die sich etwas von der üblichen unterscheidet. Im Zusammenhang mit psychischer Gewalt und deren psychischen, sozialen und ökonomischen Konsequenzen für den einzelnen hat sozialer Abstieg mit der Möglichkeit, eine Arbeit bekommen zu können, zu tun. Sozial abgestiegen ist die Person, die in ihrem Fachgebiet (und als Folge von Mobbing und Übergriffen) nicht länger eine Anstellung im freien Wettbewerb mit anderen Bewerbern bekommen kann. Um eine solche erhalten zu können, muß der oder die Ausgestoßene Hilfsmaßnahmen seitens der Gesellschaft akzeptieren – z.B. über die Anpassungsgruppe (eine aus verschiedenen Personen zusammengesetzte Gruppe, die, ausgehend vom (schwedischen) Förderungsgesetz, dafür arbeitet, daß Personen mit physischen oder psychischen Handikaps in der Arbeitswelt eingesetzt werden können).

Wenn wir uns hier mit der Struktur befassen, die zum sozialen Abstieg führen kann, so müssen wir die ganze Zeit im Gedächtnis behalten, daß wir Situationen studieren, die sich verselbständigt haben und für den Angestellten sehr schlecht geworden sind. Selbstverständlich muß es viele ähnliche Situationen geben, wo es gelungen ist, sie am Arbeitsplatz zu bereinigen. Wir sprechen also darüber, *wann* Konflikte in psychische Gewalt ausmünden und *wann* sich diese psychische Gewalt verselbständigt. Wir sprechen über Fälle, in denen es großer Anstrengungen bedarf, um diese Entwicklung zu stoppen, und wo diese Anstrengungen in förmliche und unglückselige „administrative Maßnahmen" ausmünden. Und wir sprechen darüber, *wann* diese Maßnahmen zur totalen Eliminierung führen. Der Prozeß, den ich hier beschreibe, ist nicht unvermeidlich, er ist nicht von einer höheren Macht vorgeschrieben. Wir können lernen, ihn zu verstehen, so daß wir ihn beherrschen können.

5.1 Die alltäglichen Konfliktbereiche

Konflikte sind eine normale menschliche Lebensäußerung. Beziehungen ohne Konflikte können nicht existieren, sei es, daß es sich um Beziehungen in der Ehe, bei Freundschaft, in freiwilligen Organisationen, im Berufsleben oder anderswo handelt. Aber wie verhalten sich Menschen bei diesen Konflikten zueinander? Wie geht man mit Konflikten um? Im Arbeitsleben müssen jährlich viele Millionen Konflikte vorkommen: Meinungsverschiedenheiten, Streitigkeiten über Einfluß und Macht, Ungerechtigkeiten und das Suchen nach Sündenböcken.

Tabelle 1

Modell über die Phasen zum totalen sozialen Abstieg im Zusammenhang mit psychischer Gewalt im Berufsleben.

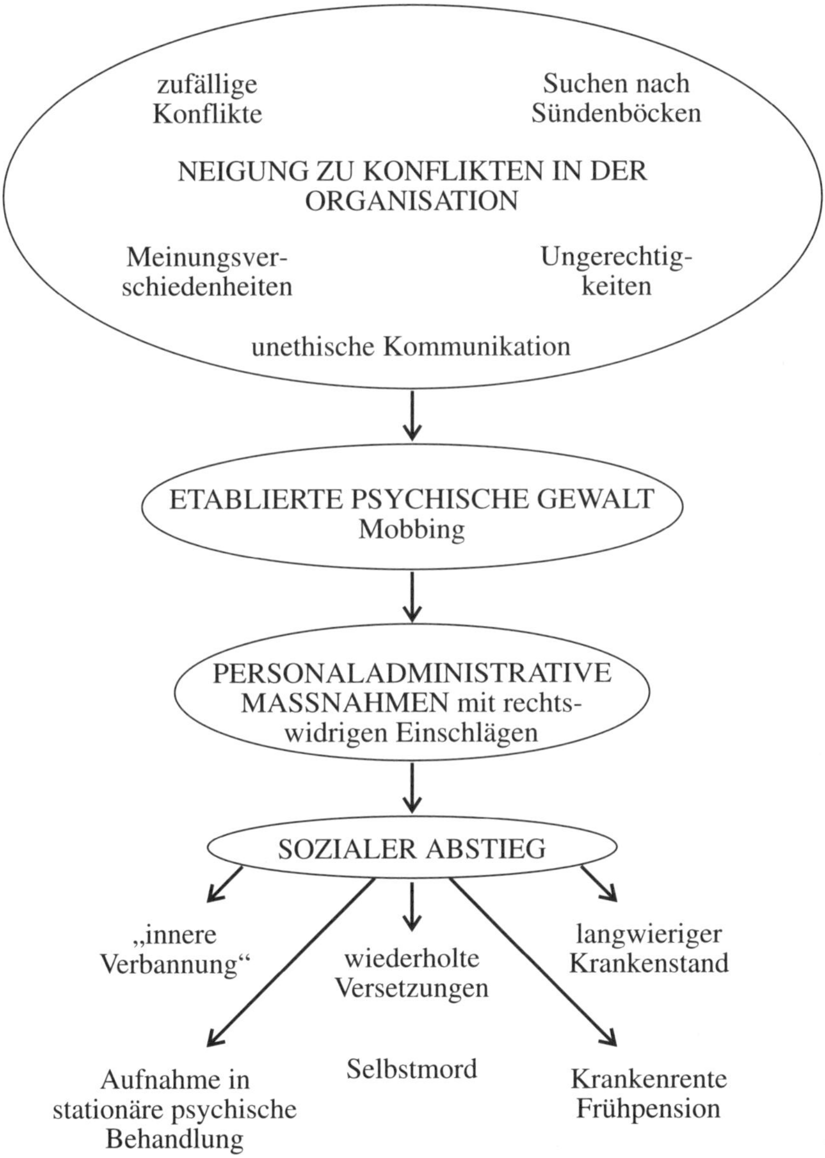

Natürlich kann man sich fragen, ob viele dieser Konflikte nicht ganz unnötig gewesen sind und ob sie nicht hätten vermieden werden können, wenn man sich auf eine andere Weise verhalten hätte. Und sicherlich hätte die Anzahl von Konflikten reduziert werden können, wenn Menschen im allgemeinen ein besseres soziales Vermögen besäßen, miteinander in Beziehung zu treten. Aber sicher ist ein Teil der Konflikte, die vorkommen, auch aus verschiedenen Gründen notwendig. Konflikte können wesentliche und notwendige Bestandteile im Leben sein. Wichtige Forderungen nach Veränderung pflegen selten zu Resultaten zu führen ohne konstruktive, manchmal sogar destruktive Konflikte. Es gibt einen großen Spielraum für eigens geschulte Personen, die versuchen, Bewußtsein über die Beziehungen zwischen Menschen zu verbreiten, nicht zuletzt in der Arbeitswelt. Ingrid hat während einer Reihe von Jahren sehr schlechte Beziehungen am Arbeitsplatz gehabt, ohne daß dies psychische Gewalt genannt werden konnte. Aber Ingrids Tagebuch zeugt von der emotionalen Not, in der sie sich befand, und davon, welche Einsamkeit das für sie bedeutete.

5.2 Konflikte werden zu psychischer Gewalt

Ein Teil dieser Konflikte, wahrscheinlich ein kleinerer Teil, verzweigt sich und wird zu psychischer Gewalt: Ein Mensch wird täglich über Monate hinweg schikaniert. Die wissenschaftliche Definition von „Mobbing" lautet tatsächlich: Negativ empfundene Handlungen, die wenigstens einmal in der Woche während wenigstens einem halben Tag geschehen und wo die betroffene Person unterlegen war (LEYMANN 1993).

Wie kann es dazu kommen, daß sich einige dieser zahlreichen zufälligen Konflikte verselbständigen und zu Krebsgeschwüren werden? Darüber haben wir noch nicht genügend Kenntnisse. Aber wir können Beobachtungen machen und Vermutungen anstellen.

Wir können Hypothesen darüber aufstellen, warum psychische Gewalt in der Arbeitswelt auftritt. Eine von der breiten Öffentlichkeit oft vertretene Hypothese ist, daß wohl die Persönlichkeit des Opfers oder Schikanierers die Ursache ist, daß der Konflikt früher oder später eintreffen *muß*.

Das halte ich für die unwahrscheinlichste aller Hypothesen, die genannt und diskutiert worden sind. Sie ist auch unlogisch. Sie setzt nämlich voraus, daß man einen Persönlichkeitszug findet, der für den Lauf der Ereignisse verantwortlich gemacht werden kann. Laut psychologischer Literatur stehen indessen nicht allzu viele Persönlichkeitszüge zur Auswahl. Will man einen von ihnen für die Entwicklung verantwortlich machen, so müßten viel, viel mehr Fälle von psychischer Gewalt eintreten. Denn gäbe es eine solche „kritische" Persönlichkeit, so müßten wir ja annehmen, daß all die Menschen, die diesen Persönlichkeitszug haben, früher oder später auch in Schwierigkeiten geraten (siehe auch das Kapitel über den Krankheitsverlauf).

Die Hypothese über die Persönlichkeit als Anlaß dafür, daß es gewissen Menschen schlecht ergeht, kann auch ausgehend von den Beobachtungen, die wir machen können, abgelehnt werden: die Menschen, die schikaniert werden, *haben tatsächlich keine gemeinsamen Persönlichkeitszüge.* Menschen können verzagt und schüchtern sein – und können schikaniert werden. Menschen können aggressiv und aufdringlich sein – und können schikaniert werden. Und Menschen können durchtrieben und listig sein – und schikaniert werden. Und wenn man will, kann man diese populär ausgedrückten Persönlichkeitszüge mit psychoanalytischen oder anderen psychologischen Termini umschreiben, aber das hilft nichts. Die Persönlichkeitszüge der Schikanierten sind *nicht* einheitlich. Hingegen scheint sich jeder beliebige Persönlichkeitszug bestens dafür zu eignen, daß man sich darüber ärgert – wenn der Konflikt ein gewisses unethisches Niveau erreicht hat.

In dieser Lage muß man sich nach anderen erklärenden Ursachen umsehen. Gibt es sie nicht in der Person, so gibt es sie vielleicht *außerhalb* von ihr. Welche Variationen gibt es in der Arbeitswelt, die Mobbing hervorrufen können? Wir wissen, daß sich eine ganze Menge arbeitsorganisatorischer Umstände als sehr starke Streßfaktoren erweisen, so starke, daß sie streßbedingte psychosomatische Krankheiten hervorrufen können, auch Herzinfarkt. Wir wissen sogar, was für spezifische Faktoren in einer Arbeitssituation es sind, die generell diese Wirkung haben, unabhängig von Branche oder Beruf:

1. starker Arbeitsdruck in Verbindung damit, daß der/die Angestellte keine oder nur sehr geringe Freiheit besitzt, eigene Beschlüsse zu fassen, um seine/ihre Arbeit zu planen und durchzuführen;
2. daß man nicht selbst die Kontrolle über seine Situation hat, sondern daß sie ausschließlich von Vorgesetzten oder einer gewissen Produktionstechnik kontrolliert wird.

Von weiterer Forschung wissen wir, daß stark gestreßte Menschen eine Neigung haben, sich aneinander abzureagieren. Eine Hypothese mit großer Wahrscheinlichkeit ist also jene, die auf einen Zusammenhang zwischen starken Streßreaktionen von Arbeitsorganisation und -durchführung und dem Aufkommen von psychischer Gewalt an einem Arbeitsplatz verweist (GARDELL 1986).

Aus Ingrids Tagebuch geht hervor, daß die Konflikte an ihrem Arbeitsplatz viele Jahre davon gehandelt haben, *wer was* machen sollte, *wie oft, wie lange,* mit welcher Arbeits*qualität* und unter welchem Grad von *Selbstbestimmung.* Lauter arbeitsorganisatorische Faktoren also. Und die Streitigkeiten bei den zahlreichen Konflikten waren, dem Tagebuch nach zu schließen, nicht grob. Anfangs scheinen es auch sehr subtile Methoden gewesen zu sein, die zur Anwendung gekommen sind – Spitzfindigkeiten, die schwer in Worte zu kleiden gewesen sein müssen und die (aus ihrem Zusammenhang gerissen) kaum so schwer waren, daß man sich über sie hätte beklagen können – aber die gleich einer „chinesischen Wassertortur" dicht und beständig tröpfelten.

In ihrem Tagebuch erzählt Ingrid über die Qualen, die sie erlebt hat. Es ist wahrscheinlich, daß noch eine oder mehrere Personen in dem kleinen Büro ähnliches mitgemacht haben. Das wissen wir nicht. Zu diesem Konflikt kennen wir nur Ingrids Aussagen. Und Ingrid nimmt sich am Ende das Leben. Sie ist das Opfer der Situation.

Aus dem Tagebuch geht auch hervor, daß sich die Konflikte zwischen Frauen mit niedrigeren Posten im Schatten der Konflikte zwischen Männern mit höheren Posten abspielen. Daß Ingrid mit einem von ihnen verheiratet ist, machte es sicher nicht leichter für sie, im Kampf der Frauen durchzuhalten.

An irgendeinem Zeitpunkt, den wir durch das Tagebuch nicht in Erfahrung bringen können, bekommt das „normale" zwischenmenschliche Konfliktniveau an Ingrids Arbeitsplatz den Charakter von psychischer Gewalt. Es ist wahrscheinlich, daß die Ursache hauptsächlich arbeitsorganisatorischer Natur war oder daß ein weit verbreitetes soziales Unvermögen, die Konflikte zu lösen, die Situation erschwerte oder daß es an so vielen Punkten kleine Konflikte und administrative Unklarheiten gab, daß die Streßsituation übermächtig wurde für die Menschen, die an diesem Arbeitsplatz ihr Berufsleben miteinander verbrachten. Und die Direktion verschließt nur die Augen. So vergehen die Jahre für Ingrid, und ihr Problem wird immer schlimmer ...

5.3 Die personaladministrative Phase

Wenn die Situationen, die (bewußt oder unbewußt) psychische Gewalt enthalten, nicht in positive Richtung bearbeitet werden oder sich von selbst erledigen, so muß der Betrieb oder die Verwaltung sich früher oder später damit auseinandersetzen, weil die Klagen immer intensiver werden oder weil die Produktion der Waren oder die Dienstleistungen der Organisation allmählich aufs Spiel gesetzt werden.

Wahrscheinlich werden die meisten aller aufgetretenen Konflikte so bearbeitet, daß sie in dieser Phase geklärt werden. Das will ich gerne glauben. Aber erwiesenermaßen mißlingt es bei einem Teil von ihnen – und es sind diese, die in meiner Forschung sichtbar werden.

Das Mißlingen bedeutet für das Opfer ein großes Risiko, für immer aus dem Berufsleben eliminiert zu werden.

Leider wissen wir heute noch nicht, welche Faktoren es in diesem Zusammenhang sind, die bewirken, daß das Resultat im einen Fall gut wird, aber sich in anderen Fällen zu persönlichen Tragödien (nicht nur für das

Opfer) verselbständigt. In dem Stadium, in dem sich die Forschung jetzt befindet, sehen wir nur verschiedene Fragmente, und wir müssen uns vor allzu schnellen Schlußfolgerungen hüten.

Es gibt indessen unbestreitbar Ähnlichkeiten zwischen den Fällen (LEYMANN 1993), die verwundern, und Ingrids Behandlung ist da keine Ausnahme. Zustände von Hoffnung und Enttäuschung können einander blitzschnell ablösen. Ein Beispiel ist die makabere Aufwartung, die ihrem Mann von der Firmenleitung gemacht wird, während man gleichzeitig personaladministrative Maßnahmen plant, die für sie eine Katastrophe bedeuten. Es kann nicht ohne weiteres ausgeschlossen werden, daß die Arbeitgeberseite – hoffentlich in gutem Glauben oder in Ermangelung besseren Wissens – mit einer moralischen Alchemie operiert, wo man auf Kosten der psychischen, sozialen und ökonomischen Existenz einzelner Menschen den bequemsten Weg wählt, indem man den einzelnen stigmatisiert.

Schlechte Personaladministration bei psychischer Gewalt am Arbeitsplatz scheint zu bedeuten (LEYMANN 1992):

- daß nur eine Person, ein Sündenbock, Gegenstand für die Aufmerksamkeit aller wird – gewöhnlich jemand mit niedrigerem Rang als der Gegner;
- daß die Person darüber im unklaren gelassen wird, was personaladministrativ geschehen wird;
- daß Maßnahmen angekündigt werden, aber nichts geschieht; man kommt nicht dazu oder vergißt oder schiebt es aus anderen Gründen auf; die Person wird dadurch in einen sehr langwierigen Streßzustand versetzt, der viele Monate andauern kann (Ingrid wartete mehrere Monate darauf, daß Arbeitsaufgaben für sie „geschaffen" werden);
- daß Maßnahmen manchmal mit großen dramatischen Gesten Tage oder Wochen im voraus angekündigt werden (siehe Ingrid, 11.4. 85);
- daß Maßnahmen auch getroffen oder der Person erst dann zur Kenntnis gebracht werden, wenn sie gerade aus dem Urlaub oder vom Krankenstand zurückkommt;
- daß Maßnahmen auch völlig überraschend wie ein Blitz aus heiterem Himmel kommen können – wenn die Person seit langem im guten Glauben war, daß sich alles schon zum Besseren gewandelt hätte;
- daß der Entscheidungsprozeß oft durch eine zunehmende Rigidität unter den Entscheidungsträgern gekennzeichnet wird, so daß sie starr an einem unmöglichen Beschluß festhalten, obwohl sich bessere und moralischere Lösungen offenbart haben;
- daß diese Situation gewöhnlich in einer weiteren starken Verletzung der Integrität der Person resultiert;
- daß Prestige ohne reelle Funktion oft die Situation erschwert (siehe Ingrid, als ein höherer Chef sich weigert, ihr Dokument entgegenzunehmen und einen anderen Absender verlangt).

5.4 Der soziale Abstieg

Der soziale Abstieg kann nicht damit erklärt werden, daß das Opfer sich psychisch unwohl fühlt. Die psychische Verfassung des Opfers ist gewiß beeinträchtigt, aber kaum so, daß sie in einem lange andauernden Arbeitsunvermögen resultiert. Das Opfer wird deshalb eliminiert, weil der Arbeitgeber oder sein Repräsentant das Opfer um jeden Preis weg haben will, ein personaladministratives Verfahren wählt, das extrem schwerfällig ist, und das Opfer in eine Bahn drängt, von der es aus eigener Kraft selten einen Weg zurück in die Arbeitswelt gibt. In den beobachteten Fällen saß der Repräsentant des Opfers, der Gewerkschaftsvertreter, (zwar beschwert) daneben, aber rührte keinen Finger.

Ich will noch einmal, ehe ich mit meinen Ausführungen fortfahre, an die Definition von „Opfer“ erinnern, die ich in meiner Darstellung verwende. Der Terminus „Opfer“ beschreibt nicht, wer recht oder unrecht hat. „Das Opfer“ ist die Person im Konflikt, die infolge von psychischer Gewalt ihre psychischen Möglichkeiten verliert, schwere Lebenssituationen zu bewältigen (LEYMANN 1993), und die hinausgeworfen wird oder riskiert, vom Arbeitsmarkt eliminiert zu werden. Es braucht zu Beginn überhaupt nicht klar zu sein, wer das Opfer ist oder werden wird – die Definition bezieht sich auf das Endergebnis von einseitigen oder gegenseitigen Übergriffen.

Ehe ich über die verschiedenen Ausgrenzungsvarianten berichte, die bisher beobachtet werden konnten, muß betont werden, daß das, was für ein Opfer die totale Eliminierung vom Arbeitsmarkt bedeutet, für den Arbeitgeber (oder dessen Repräsentanten) bedeutet, daß man interne Disziplinprobleme löst! Und man tut dies nicht allzu selten, indem man den Pflegesektor der Gesellschaft oder das soziale Schutznetz mißbraucht. Vermutlich in einigen Fällen vorsätzlich.

„Innere Verweisung“ ist die einzige Eliminierungsmethode, die psychische Gewalt innerhalb der Organisation und auf deren eigene Kosten festigt. „Innere Verweisung“ bedeutet eine weitere Anstellung mit beibehaltenem Lohn, aber ohne daß der Angestellte irgendwelche Arbeitsaufgaben bekommt (oder im „besten“ Fall sinnlose, weit unter seiner Kompetenz). Diese personaladministrative „Lösung“ bedeutet für das Opfer eine Erniedrigung, verknüpft mit großem psychischem Streß. Während ihrer letzten Zeit bei dem Unternehmen war Ingrid dieser Behandlung ausgesetzt, in Erwartung der endgültigen Stellungnahme der Betriebsführung.

Wiederholte Versetzungen bedeuten, daß der Arbeitgeber auch in diesem Fall personaladministrative Kosten zu tragen hat, aber die Gesellschaft ist bereits gezwungen worden, einen Teil davon zu übernehmen. Sie werden von der eigenartigen Pesonaladministration des Betriebes verursacht. Wiederholte Versetzungen zeugen meistens davon, daß die Direktion sich nicht für die Lösung der eigentlichen Ursachen der Probleme interessiert.

„Die Anpassung“ (= Umschulung) von Mobbingopfern geschieht oft mit dem Opfer als passivem Objekt und dürfte vom Opfer als weitere Kränkung und Machtübergriff mit starkem psychischen Streß als Folge erlebt werden.

Krankenstand ist während einer gewissen Periode notwendig, nämlich wenn das Opfer große psychische Unruhe mit Schlafstörungen als Folge erlebt und darüber hinaus vielleicht psychosomatische Beschwerden bekommt. Der Krankenstand weist eine Tendenz auf, in Perioden verlängert zu werden, nicht von einer objektiven Diagnose ausgehend, sondern aufgrund des Faktums, „daß es am Arbeitsplatz noch immer nicht besser geworden ist“. Meine Beurteilung ist, daß die letztgenannte Ursache für den Krankenstand einen Versicherungsbetrug bedeutet, bei dem Arbeitgeber und Arzt zusammenarbeiten, um das Opfer (als den stigmatisierten Konfliktherd) in den Pflegesektor der Gesellschaft zu transferieren. Der Arbeitgeber verringert seine Kosten, indem er das Krankenversicherungssystem der Gesellschaft die Versorgung „des Falles“ übernehmen läßt. Auf diese Weise löst der Arbeitgeber gleichzeitig das Disziplinproblem in seiner Organisation, und der Arzt trägt zum sozialen Abstieg bei. Als Ingrid von der Entlassung bedroht war und der Arbeitgeber einer Frühpensionierung nicht zustimmen wollte, die eine Abfertigung bedeutet hätte, dachte sie darüber nach, ob die Krankenkasse sie bis zur Pensionierung im Krankenstand sein lassen würde.

Aufnahme in einer geschlossenen psychiatrischen Pflegeklinik: In einem früheren Buch (LEYMANN 1986) beschrieb ich, daß mich der hohe Anteil psychiatrischer Diagnosen unter den Mobbingfällen überraschte. Angestellte, die verzweifelt dafür kämpfen, weiterhin in der Arbeitswelt bleiben zu dürfen, oder die für ihre Rechte kämpfen, werden beauftragt oder gebeten, den Psychiater aufzusuchen. Es gibt eine Reihe von Zeugenaussagen, wo in Frage kommenden Personen mit psychiatrischen Untersuchungen gedroht wurde (sogar von Ärzten!), für den Fall, daß sie nicht „aufhörten, Schwierigkeiten zu machen“. Und in den Fällen, in denen sich die psychische Gewalt unter dem Personal innerhalb des psychiatrischen Pflegebereiches abspielt, insbesondere wenn der verantwortliche Vorgesetzte hineingezogen worden ist, scheint es eher die Regel als die Ausnahme zu sein, daß dem Untergebenen mit einer psychiatrischen Untersuchung gedroht wird. Beim Opfer eine psychische Krankheit zu vermuten, ist eine sehr effektive Art, um interne Konflikte „zu lösen“. Für die Gesellschaft wird es eine teure Lösung. Für das Opfer bedeutet diese Handhabung, daß er oder sie kaum irgendwelche Möglichkeiten hat, aus eigener Kraft einen neuen Job am Arbeitsmarkt zu bekommen.

Pensionierung aus Krankheitsgründen ist ein anderer Weg, um das Opfer total und definitiv zu eliminieren.

Selbstmord ist leider nicht ungewöhnlich (siehe das entsprechende Kapitel in diesem Buch).

Die Opfer von psychischer Gewalt im Berufsleben landen auf dem Wege dieser Ausgrenzungsmethoden in einer Sackgasse. Einerseits profitieren sie vom sozialen Netz der Gesellschaft: Sie haben ihre Versorgung, die sie brauchen. Anderseits bedeuten diese administrativen Versetzungen, daß man mit größter Wahrscheinlichkeit weiterhin vom Arbeitsmarkt ausgeschlossen bleibt. Die Rückkehr ist äußerst schwierig. Das Personal bei den Arbeitsvermittlungen weiß, daß es sehr schwierig ist, für Personen, die den Stempel „Kooperationsschwierigkeiten" aufgedrückt bekommen haben, wieder eine Arbeit bekommen zu können. Für die Opfer bedeutet dieser Prozeß deshalb oft den endgültigen sozialen Abstieg.

Daß großes psychisches Leiden die Folge ist, kann jeder einsehen. Es gibt gute Gründe, anzunehmen, daß Depressionen, Mißbrauch von Medikamenten, Rechthaberei und psychosomatische Krankheiten die Folge sein müssen. Leider hat es sich gezeigt, daß Selbstmord als Ausweg aus Problemen im Berufsleben häufiger vorkommt, als man bisher gedacht hat. Ingrid nahm sich das Leben, als die Unklarheit über ihre Zukunft am größten war, im Endstadium dessen, was ich die personaladministrative Phase genannt habe. Ich befürchte, daß die größten Risiken für Selbstmord gerade zu diesem Zeitpunkt bestehen. Gespräche mit einer Vielzahl von Mobbingfällen, die davon bedroht waren, vom Arbeitsmarkt eliminiert zu werden, oder die eliminiert worden sind, deuten darauf hin. Wenn diese Personen Selbstmordgedanken hatten, so traten diese Gedanken zu jenem Zeitpunkt erstmals auf.

5.5 Mythenbildung als Effekt unethischer Kommunikation beim Konflikt

Beim Studium der Fälle, unabhängig davon, ob sie sich noch immer in einem früheren Stadium oder bereits in einem späteren auf dem Weg zur Eliminierung befinden, kann man sowohl bei Interviews als auch bei den verschiedenen schriftlichen Dokumentationen soziale Phänomene bemerken, die als Verteidigungsmechanismen der Umgebung interpretiert werden sollten. Die Funktion der Verteidigung scheint zu sein, daß Menschen in der Umgebung des Opfers ihre Rolle als Schikanierer oder als derjenige, der einen Mitmenschen ausstößt, nicht zu erkennen brauchen. Es ist offenkundig, daß in bestimmten Stadien von Mobbing- oder Ausstoßungsprozessen soziale und psychologische Mythen um das Opfer herum gebildet werden. Diese „rechtfertigen" zu einem späteren Zeitpunkt die endgültige Eliminierung.

Ich will diese Entwicklung in Tabelle 2 skizzieren. Der Inhalt dieses Modells der kritischen Ereignisse hat sich aufgrund von Interviews und dem Studium verschiedener Dokumentationen ergeben. Es muß darauf hingewiesen werden, daß das Modell *nicht* ein Resultat prospektiver

Studien ist (wo man die soziale Entwicklung der Personen über einen längeren Zeitraum hinweg verfolgt), sondern eine Folge von Momentaufnahmen, in denen der Verlauf zusammengestellt worden ist, beruhend auf den dokumentierten Erfahrungen verschiedener Menschen.

Tabelle 2:

Modell paralleler gesellschaftlicher Verläufe beim sozialen Abstieg, in Beziehung gesetzt zu einer Analyse kritischer Ereignisse und zu sozialen und psychologischen Mythenbildungen um das Opfer.

Der objektive Konfliktverlauf	*Verhalten des Opfers*	*Ansehen des Opfers bei der Umgebung*	*Der soziale Prozeß*
Start	Start	relativ häufig: „OK“	Start
Unethische (bisweilen wechselseitige) Übergriffe	das Opfer kristallisiert sich heraus.	„Schwierig“	Psychologische und soziale Mythen entstehen.
Machtübergriffe	Coping[1)] nimmt ab	„Person mit Kooperationsschwierigkeiten“	
Rechtsverletzung	Verzweiflung	„Völlig unakzeptables Verhalten“	Psychologische und soziale Mythen nehmen zu
Auf dem Weg zur Eliminierung	Verzweifelte Versuche zur Rehabilitierung	„Psychisch krank“	Schuldzuweisung und soziale Stigmatisierung

Das Modell soll als eine chronologische Beschreibung verschiedener paralleler Verläufe gelesen werden. Es versteht sich von selbst, daß die realen Fälle variieren. Aber die Fallstudien, die durchgeführt worden sind, können mit wenigen Ausnahmen zu dieser prinzipiellen Beschreibung zusammengefaßt werden.

Bis auf wenige Ausnahmen dauert dieser Prozeß auch lange. Es scheint in den meisten Fällen mindestens vier/fünf Jahre zu dauern, ehe eine Person

1) Coping (engl.) = Vermögen eines Menschen, mit verschiedenen Lebenssituationen fertig zu werden.

über diesen Prozeß im Out landet. Zeitspannen von zehn und mehr Jahren sind absolut keine Seltenheit unter unseren Fällen. Daß so viel Zeit verstreicht, ist bedeutsam. Erstens passieren mehr negative Dinge, je mehr Zeit verstreicht. Zweitens erinnert sich die Umgebung schließlich nicht mehr, wie es zu Beginn war. Man leidet unter einer sogenannten „Tunnelperspektive". Nach fünf Jahren erinnert man sich nur mehr an die letzten sehr, sehr schwierigen Jahre.

Das bedeutet, daß die Umgebung das Opfer ausgehend von der jetzigen Lage beurteilt: Man sieht eine desperate Person, die verzweifelt mit Armen und Beinen rotiert, die einen harten Kampf führt, um am Arbeitsmarkt zu überleben, und die um jeden Preis rehabilitiert werden möchte, nachdem die Umgebung ihm/ihr die ganze Schuld gegeben hat. Die Umgebung sieht schließlich dieses Verhalten durch die Brille, die sie sich im Laufe der Jahre angeschafft hat und die durchwegs von den sozialen und psychischen Mythen um die Person gefärbt zu sein scheint. (Das Urteil, daß die Person „psychisch krank sein muß", kommt häufig vor.) Für die Umgebung erscheint es daher oft völlig angemessen, das Opfer auszustoßen.

Die Situation ist für das Opfer unmöglich. Jeder Fall, den wir untersucht haben, beinhaltet alles von groben Kränkungen bis zu glatten Gesetzesübertretungen von seiten der Gegner. Das Opfer landet in einer emotionalen und kognitiven belastenden Situation[1].

Diese mentale Situation ist dadurch gekennzeichnet, daß die langwierigen und zugleich akuten Probleme in den meisten beobachteten Fällen die Gedankenwelt und das Verhalten völlig dominieren. Im Hinblick auf die extreme Streßsituation ist das nicht schwer zu erklären. Manchmal scheint sich diese „Tunnelperspektive" auf andere Lebensbereiche auszudehnen. (Das Opfer scheint sich diese Gedanken- und Verhaltensstruktur wie einen Lebensstil anzueignen.) Innerhalb der Psychologie spricht man dann von einem Generalisierungseffekt. Die Forschung, die jetzt an der Reihe ist, wird untersuchen, ob diese psychische Entwicklung beim Opfer als ein psychosozialer Arbeitsschaden betrachtet werden muß.

---

1) (kognitv = die Weise, in der wir die Welt, ausgehend von den Erfahrungen, die wir gemacht haben, auffassen; Kognitionen = Weltbild, Stellungnahme, Gewebe von begrifflichen Prozessen).

6. Selbstmord und Erkrankungen

Wie häufig können Selbstmorde im Zusammenhang mit verzweifelten Lebenssituationen infolge psychischer Gewalt am Arbeitsplatz auftreten?

Ich habe eine gewisse Zeitperiode im Phasenmodell (siehe Tabelle 1) als suizidal riskant bezeichnet. Die Selbstmorde, die ich genauer untersucht habe, sind da erfolgt, am Ende der Phase der administrativen Maßnahmen. Auch Selbstmordphantasien, über die Opfer bei Interviews erzählten, tauchten erstmals in dieser Periode auf.

Wenn man Selbstmordfrequenzen erfassen will, so ist es selbstverständlich sehr schwierig, vielleicht sogar unmöglich, statistisch zu erfahren, wie sich die Selbstmorde auf verschiedene Ursachen verteilen. Schwierige methodologische und ethische Fragestellungen werden aktualisiert (was auch bedeuten würde, daß eine solche Untersuchung sehr kostspielig werden würde, falls sie überhaupt durchgeführt werden könnte).

Aber warum soll man exakt wissen, wie viele Selbstmorde infolge unhaltbarer Situationen im Berufsleben geschehen? Glaubwürdige Schätzungen über ein ungefähres jährliches Niveau sollten als Indizien wohl ausreichen.

Es gibt ein paar Berufsgruppen, die systematisch mit Personen in Berührung kommen, die Selbstmord verübt haben: Ärzte (die obduzieren, um Verbrechen auszuschließen), Bestattungsinstitute (die praktische Aufgaben bei Beerdigungen erledigen) und Priester (die bestatten und in vielen Fällen Seelsorgegespräche mit der Familie führen). Eine Berufsgruppe, die etwas über die Ursachen von Selbstmorden wissen könnte, sind Priester.

In Zusammenarbeit mit dem Stift Stockholm führte ich im Winter und Frühjahr 1987 eine Meinungsumfrage bei sämtlichen Priestern des Stiftes durch. Die Fragen wurden auf eine spezielle Weise ausgearbeitet: Erstens wollten wir die eingegangenen Antworten mit der öffentlichen Statistik über Todesfälle vergleichen können, die vom Statistischen Zentralamt publiziert wird. Zweitens wollten wir über die Priester eine glaubwürdige Mindestschätzung bekommen von der Sorte: „Wahrscheinlich *zumindest* eine Anzahl von X Selbstmorden pro Jahr in Schweden, die auf den Verhältnissen im Berufsleben beruht".

Mindestens die Hälfte der Priester führte Gewissensqualen dafür an, daß sie nicht antworten wollte. Diejenigen, die antworteten, taten es oft mit einer Reihe von Vorbehalten in Bezug darauf, wie ihre Angaben von uns interpretiert werden sollten. Man darf darum sehr wohl annehmen, daß unsere Fragen mit großer Seriosität beantwortet wurden. Die Antworten haben auch, das soll betont werden, bei sämtlichen Priestern Engagement ausgelöst, eine sehr wichtige Voraussetzung dafür, daß man sich darauf verlassen kann, daß die Angaben glaubwürdig sind.

„Verhältnisse im Berufsleben" bedeutet nicht bloß „psychische Gewalt". Es ist denkbar, daß Menschen sich das Leben nehmen können, weil sie am Arbeitsplatz strafbare Handlungen begangen haben, und sie die Schande bei einer Enthüllung nicht ertragen. Es ist auch denkbar, daß Menschen emotional und sozial nicht damit fertig werden, wegrationalisiert zu werden.

Die Ziffern, an die wir herangekommen sind, sind etwas unsicher. Sie stützen sich nur auf ein Stift. Sie beziehen sich nicht nur auf psychische Gewalt als auslösenden Faktor, selbst wenn das als die größte Gruppe von Ursachen bewertet werden kann.

Die Priester gaben an, daß sie mit Sicherheit beurteilen könnten, daß 54,5 % der Selbstmordfälle, die sie bestatteten, nichts mit dem Berufsleben zu tun hatten. Wo das Berufsleben zumindest ein denkbarer Grund oder die eigentliche Ursache war, formulierten wir die Antwortalternativen auf eine solche Weise, daß eher eine zu niedrige als eine zu hohe Anzahl der Fälle herauskam.

Über folgende Prozentzahlen konnten die Priester berichten (für einen genauen Bericht siehe LEYMANN 1987) – in Klammer die Anzahl der Fälle, die laut unseren statistischen Berechnungen die Verhältnisse im ganzen Land 1986 betreffen:

Selbstmord hat *nichts* mit dem Betriebsklima zu tun	54,5 %	(605 Fälle)
Das Betriebsklima ist *wahrscheinlich* eine *mitwirkende* Ursache gewesen	18,5 %	(205 Fälle)
Es ist laut Priestern sicher, daß das Betriebsklima eine *mitwirkende* Ursache ist	12,7 %	(140 Fälle)
Es ist *wahrscheinlich*, daß *nur* das Betriebsklima für den Selbstmord verantwortlich ist	4,8 %	(55 Fälle)
Die Priester sind sicher, daß das Betriebsklima die *einzige* Ursache gewesen ist	9,5 %	(105 Fälle)

Die Schlußfolgerung aus dieser Untersuchung muß sein, daß sich zumindest 100 Menschen jedes Jahr das Leben nehmen, weil sie die Verhältnisse am Arbeitsplatz nicht mehr aushalten. Aber die Schlußfolgerung muß auch sein, daß man nicht ausschließen kann, daß die Ziffer vielleicht um 200 – 300 Fälle höher liegt – Suizidfälle also, bei denen die Arbeitswelt vermutlich die einzige Ursache oder eine mitwirkende Ursache ist.

Es muß daran erinnert werden, daß die Anzahl der Todesfälle aufgrund von Arbeitsunfällen im selben Jahr (1986) 101 betrug, davon 36 Verkehrsunfälle (d.h. Todesfälle, die am Weg zwischen Wohnung und Arbeitsplatz des Arbeitnehmers passiert sind). In Arbeitsunfällen, die am Arbeitsplatz selbst passiert sind, wurden somit 65 Personen getötet. Bedeutend weniger also als die Zahl derer, von denen man laut unserer Untersuchung annehmen muß, daß sie sich das Leben aufgrund der Verhältnisse im Berufsleben genommen haben.

Diese überraschend hohe Zahl wird selbstverständlich diskutiert werden. Hoffentlich wird diese Debatte über das Arbeitsklima nicht auf einem zu niedrigen Niveau steckenbleiben. Dies wäre der Fall, wenn eine zukünftige Debatte im wesentlichen die allzu vereinfachte Auffassung vorführen würde, daß „alle Selbstmorde ja viele, viele Ursachen hätten und man ja eigentlich nie wissen könne . . .“ Wie ich früher in diesem Buch bemerkt habe, ist das eine völlig unwissenschaftliche Behauptung. Selbstverständlich kann es multisoziale Probleme hinter gewissen Selbstmorden geben. Aber es gibt auch klare alleinige Ursachen. Ein Drogenabhängiger wird sich im Laufe der Zeit in einer multisozialen Problemsituation befinden. Aber Selbstmord kann auch vorkommen, bloß weil die Person glaubt oder weiß, daß sie in einem solchen Abhängigkeitsverhältnis gelandet ist, daß es aussichtslos erscheint, jemals davon loszukommen. Die Person leidet unter den multisozialen Problemverhältnissen. Diese müssen jedoch nicht Umstände sein, die an die Person selbst geknüpft sind, sondern können das Resultat von Mißbrauch allein sein. Multisoziale Probleme können als Selbstmordursache angenommen werden, wenn das Individuum lange Zeit mit ihnen gelebt hat und wenn der Mißbrauch eine der Folgen dieser Probleme ist. Aber Menschen können Drogenabhängige werden, ohne sich in einer sozialen Notlage zu befinden. In solchen Fällen kann die Ursache für den Selbstmord ausschließlich an den Mißbrauch selbst gekoppelt werden.

Ich will diese Diskussion nicht zu weit treiben. Ich bin mir wohl all dessen bewußt, was dafür oder dagegen gesagt werden kann. Aber was ich behaupten möchte, ist, daß wir alle uns das Leben allzu einfach machen, wenn wir die Diskussion nach den Ursachen abwinken mit einem einfachen: „Selbstmord hängt immer von vielen verschiedenen Faktoren ab“. Denn diese Behauptung ist nicht korrekt.

6.1 Mobbing: Von der seelischen Not bis zur psychiatrischen Erkrankung

Die seelische Not des Mobbingopfers kann so groß werden, daß es nicht mehr ein noch aus weiß. Zuviel Begebenheiten versperren den Weg zu einer sozialen und psychischen Heilung. Das Stigma greift tief. Das Opfer wird von seiner Umgebung als der alleinige Schuldige dargestellt. Die Umgebung des durch Mobbing Krankgewordenen verfügt über die Psychologie und Psychiatrie und über die verschiedensten Abwehrmechanismen, die den Makel des Stigmas langzeitig aufrecht erhalten können. Dies wiederum hält das Opfer fest in der Falle.

Das Leugnen der Umgebung und ihre faulen Ausreden bedeuten für das Opfer, weiterhin verletzt und gekränkt zu bleiben – und nun erst entsteht der eigentliche Zorn. Wenn sich der Täter bekennen und sich entschuldigen würde, dann wäre dies ein erster wichtiger Schritt zur Seelenheilung des Opfers. Aber davon ist meistens nicht die Rede.

Erst vor einem Jahr entdeckte ich die wahre Krankheitsdiagnose. Es hatte geraume Zeit gedauert, bis genug klinische Unterlagen von Diagnosen und Behandlungen vorlagen und bis sich diese Daten statistisch auswerten ließen.

Jetzt zeigte sich auch, welche großen Fehler von Psychologen und Psychiatern in der Vergangenheit gemacht worden sind. Sie haben sämtlich ein Problem gemeinsam: Daß man bei der Erstellung der Diagnose zu wenig oder gar nicht auf die tatsächlichen Vorgänge achtgab, die dem Opfer passiert waren und von denen er oder sie erzählte. Man tat dies bestenfalls als Feinhäutigkeit eines Mauerblümchens und deren Leichtverletzlichkeit ab – oder schlimmstenfalls als paranoide Wahnvorstellung. Meine Erfahrung mit psychiatrischen Diagnosen der letzteren Art ist die, daß der Psychiater oder Psychologe sich kaum die Mühe gemacht hat, nachzuforschen, was dem Opfer da eigentlich in der Tat passiert ist.

Im folgenden soll das Resultat dieser Forschung dargestellt werden. Leider lassen sich die Fakten nur mit Schwierigkeiten populärwissenschaftlich beschreiben. Ich bitte den Leser deshalb um Geduld. Einige Tabellenerklärungen kann man als Nichtfachmann sehr gut überspringen, ohne den Zusammenhang zu verlieren.

PTSD-Belastungen durch Mobbing und Ausstoß am Arbeitsplatz

Die repräsentative Untersuchung in Schweden zeigte für 1990 sehr hohe Belastungsfrequenzen (Betriebsuntersuchungen in anderen Ländern zeigen ähnliche Häufigkeiten [Niedl 1993 in Österreich; Einarsen & Raknes 1991 in Norwegen; Paanen & Vartia 1991 in Finnland]). Prävalent konnten 3,5 % der schwedischen arbeitenden Bevölkerung (4,4 Millionen) der oben genannten Definition zugeordnet werden, also 154.000 Personen.

(Die statistische Abweichung bei p=.05 war 0,7 %.) Diese Untersuchung wurde auch epidemiologisch ausgewertet. Die jährliche Inzidenz[1)] ergab 120.000 Betroffene. Damit konnte die durchschnittliche Exponierungszeit (für Patienten mit wenigstens einem halben Jahr dieser psychischen Belastung) auf 1,25 Jahre berechnet werden. Bei einer angenommenen durchschnittlichen Dauer des Arbeitslebens von 30 Jahren ist das Lebensrisiko 1:4, jedenfalls einmal, und wenigstens sechs Monate lang, gemobbt zu werden (LEYMANN 1992 a).

Die Analyse der psychosomatischen Symptome

Die untersuchten 39 psychosomatischen Streßsymptome sind eine Gruppe von Symptomen, die häufig in der Arbeitsmedizin erfragt werden, u. a. in neurologischen Untersuchungen verschiedenster Art. Die Patienten schätzen selbst die Häufigkeit dieser Symptome ein, indem sie für den Zeitraum der zuletzt verflossenen 12 Monate je eine von vier Wertungen ankreuzen: (1) habe ich sehr oft oder immer; (2) habe ich oft; (3) habe ich weniger oft oder selten; (4) habe ich nie. Durch Kontrollfragen werden Symptome aufgrund von akuten somatischen Erkrankungen ausgegrenzt.

Eine erste Profilanalyse zeigte die Häufigkeit, mit der das jeweilige Symptom angegeben wurde. Signifikante Unterschiede zwischen Mobbingbetroffenen und Nichtbetroffenen tauchen bei 30 dieser Symptome mit der Stärke p=.0001 auf. Nur zwei der am wenigsten frequenten Symptome waren nicht signifikant. In der Tabelle 1 werden die zwölf häufigsten Symptome mit ihrer Signifikanz gezeigt.

Diese statistischen Frequenzen decken sich mit den klinischen Erfahrungen des Autors sowie mit denen von der Klinik für Mobbingpatienten in Bad Lippspringe (BECKER 1993 und im Gespräch), sowie der ambulanten Behandlung (EBELING und HALAMA im Gespräch).

---

1) jährliche Inzidenz = jährliche Anzahl neuer Fälle

Tabelle 3:

Die 12 Streßsymptome von 39, die am meisten von gemobbten Personen (n = 85) angegeben wurden, sowie deren signifikante Abweichungen von Nichtgemobbten (n = 2343). Nur die Angaben mit den Frequenzen „sehr oft“ oder „immer“ und „oft“ wurden beachtet.

Symptome	Frequenz bei Gemobbten	Signifikanz
Kopfschmerzen	51 %	.0001
Rückenschmerzen	44 %	.0001
Einschlafstörungen	41 %	.0001
depressiv	41 %	.0001
schnell reizbar	41 %	.0001
Nackenschmerzen	36 %	.0001
Konzentrationsschwierigkeiten	35 %	.0001
Versagensangst	32 %	.0001
unterbrochener Schlaf	31 %	.0001
Magenschmerzen	29 %	.0001
Gefühl: Unsicherheit	28 %	.0001
Muskelschmerzen	26 %	.001

Faktorenanalyse

In einer Faktorenanalyse wurden sämtliche Daten benutzt, aus denen Mobbinghandlungen hervorgehen, auch wenn die psychische Belastung die definierte Grenze von einem halben Jahr unterschritt. Sieben Faktorengruppen wurde erhoben. Sie werden in der Tabelle 4 dargestellt. Symptome, die doppelt auftauchen, wurden ausgeschlossen.

Die ersten fünf Faktorengruppen haben die interessantesten Profile. Es drängen sich klinische Deutungen auf: Die Symptomgruppe 1 deutet kognitive Effekte von extremen sozialen Situationen an, die Angst hervorgerufen haben. Die Gruppe 2 sammelt psychosomatische Symptome mit Störungen im Magen-/Darm-Bereich. In der Gruppe 3 finden sich Symptome, die subjektive Körpergefühle nach dem Ausguß von Streßhormonen darstellen. Schmerzempfinden in der Gruppe 4 sind solche Spannungssymptome, von denen Patienten berichten, die schon längere Zeit unter Streßdruck leben. Und die 5. Gruppe sammelt schließlich die Ein- und Durchschlafstörungen.

Tabelle 4:

Sieben Faktorengruppen einer Faktorenanalyse von 39 psychosomatischen Streßsymptomen (n = 350)

Gruppe 1	Gruppe 2
Gedächtnisstörung	Alpträume
Konzentrationsschwierigkeiten	Bauchschmerzen
Niedergeschlagenheit	Durchfall
Ohne Initiative	Erbrechen
Leicht reizbar	Übelkeit
Rastlos	Appetitlosigkeit
Aggressiv	Kloß im Hals
Gefühl der Unsicherheit	Weinen
Versagensangst	Einsam, kontaktarm

Gruppe 3	Gruppe 4
Druck auf der Brust	Rückenschmerzen
Schweißausbrüche	Nackenschmerzen
Trockener Mund	Muskelschmerzen
Palpitation	
Atemnot	
Hitzewallungen	

Gruppe 5	Gruppe 6
Einschlafstörungen	Schwäche in den Beinen
Unterbrochener Schlaf	Ohne Antrieb
Frühzeitiges Erwachen	

Gruppe 7
Ohnmachtsanfälle
Zittern

Ähnliche Faktorengruppen erhielten wir in anderen Untersuchungen, in denen dieselbe Liste mit den 39 Symptomen erfragt wurde. In einer davon wurden Bankangestellte, die bewaffnetem Bankraub ausgesetzt waren, untersucht (LEYMANN 1985, 1988). THEORELL, LEYMANN et al. (1992) beschreiben ähnliche Resultate bei einer Untersuchung von U-Bahnfahrern, die Suizidierende überfahren haben, und MALT, LEYMANN et al. zeigt dies in einer Untersuchung über die gleiche Situation bei den schwedischen und norwegischen Lokomotivführern auf (im Druck).

Im psychiatrischen Bereich findet man diese Symptomgruppen unter der Diagnosegruppe „Angststörungen“ (DSM III R, 1987), und zwar unter den beiden Diagnosen „Posttraumatische Belastungsstörung“ und „Generelle Angststörung“. Bei der letzten Diagnose findet man die drei Faktorengruppen 4, 6 und 7 in der DSM-Gruppe 300.02D unter „motorische Spannungen“, die beiden Faktorengruppen 2 und 3 unter „Vegetative Übererregbarkeit“, sowie die Faktorengruppen 1 und 5 unter „Hypervigilanz und erhöhte Aufmerksamkeit“. Diese beiden letzten Faktorengruppen (1 und 5) stimmen außerdem mit den Symptomangaben der Diagnose „Posttraumatische Belastungsstörung“ (309.89D) überein.

In der Tabelle 5 wird mit einer Zweiwege-Varianzanalyse der Zusammenhang zwischen den fünf deutlichsten Faktorengruppen und jeweils dem Alter der Befragten (in sechs Altersgruppen zwischen 18 und 65 Jahren) sowie der Dauer des Mobbingzustandes (in vier Gruppen: länger als zwei Jahre, 1/2 bis 2 Jahre, kürzer als ½ Jahr, sowie gar kein Mobbing) aufgezeigt. Signifikante Unterschiede ergaben sich durchgehend für die Dauer der Mobbingzustände.

Tabelle 5:

Signifikante Unterschiede für Symptomangaben (ausgedrückt in durchschnittlichen Werten) der Befragten (n = 2.428). Fünf Faktorengruppen, sechs Altersgruppen und vier Gruppen von Zustandsdauer. Unterschiede zwischen Befragten mit „sehr viel Beschwerden“ und mit „kleinen Beschwerden“. Zweiwege-Varianzanalyse Anova.

Faktorengruppen	Signifikanzen p		Interaktion
	A: Alter	B: Dauer	zwischen A und B
Gruppe 1: „Kognitionen“	NS	***	(*)
Gruppe 2: „Vegetativ A“	*	*	(*)
Gruppe 3: „Vegetativ B“	***	***	NS
Gruppe 4: „Motor. Spannung“	NS	**	NS
Gruppe 5: „Schlafprobleme“	(*)	***	NS

Agenda: NS = nicht signifikant; (*) = p = .1; * = p = .01; ** = p = .001; *** = p = .0001. „Vegetativ A“ = Verdauungsbereich; „Vegetativ B“ = subjektives Erleben nach Ausguß von Streßhormonen.

Ein interessantes Resultat ist, daß die Beschwerden der Gruppe 4 (Rückenschmerzen, Nackenschmerzen, Muskelschmerzen), die sich, klinisch gesehen, mit zunehmendem Alter häufen, in diesem Zusammenhang signifikante Unterschiede nur für die *zunehmende Dauer* des Mobbingzustandes zeigen, und nicht für Altersunterschiede! Die unterschiedlichen Angaben für Streßbelastungen bei Mobbingbetroffenen und Nichtbetroffenen zeigen somit keine signifikanten Unterschiede zwischen den verschiedenen Altersgruppen, jedoch solche zwischen Gruppen mit *unterschiedlicher Belastungszeit sowie keinerlei Belastung.*

Für die klinische Diagnosearbeit mit Opfern von Mobbing und Ausschluß im Arbeitsleben ergibt die vorliegende Untersuchung einige interessante Observationen. Ihre Resultate lassen die Annahme zu, daß diese Patienten häufig falsch diagnostiziert werden. In unserer Arbeit mit Fällen, die Arbeitsuntauglichkeit beantragt haben, lassen die Analysen immer wieder diese Annahmen zu (LEYMANN 1992 c; BECKER 1993).

Die Untersuchung zeigt dagegen, daß die Faktorenanalyse Symptomgruppen darstellt, die überraschend gut mit Symptomangaben von zwei Diagnosen im DSM III R übereinstimmen.

Es sind häufig vier Diagnosen, die irrtümlich angewendet werden. Einmal ist dies „Querulanz mit paranoiden Einschlägen". Eine andere ist „manisch/depressives" Verhalten und eine dritte „Charakterprobleme". Die vierte, etwas weniger oft angewandt, ist „Probleme bei der Anpassung an die soziale Umwelt".

Die fachgerechten Ursachen für diese Falschdiagnosen sollten eigentlich auffallend sein und auch akzeptiert werden. Zum einen ist diese Patientengruppe, die Mobbingopfer, bisher noch nie so einheitlich beschrieben worden, wie dies in der Mobbing-Forschung geschehen ist (NIEDL 1993 oder LEYMANN 1993 für eine Übersicht). Ein tieferes Verständnis für die sozialen Probleme, mit denen diese Menschen zu kämpfen haben, wird auch sehr selten über anamnestische Analysen erarbeitet[1)]. Ein triftiger Grund dafür ist, daß Anamnesen, die soziale Zustände beschreiben, zu zeitaufwendig sind. Die derzeitige Diagnostik in diesen Fällen hat eher einen beschreibenden Charakter, der auf „Ähnlichkeit mit" fokussiert. Sie scheint auch eher den vorurteilsvollen Vorstellungen des Arztes oder Psychologen gerecht zu werden, *warum* ein Patient sich in seiner Weise auffällig verhält.

Warum dann diese Falschdiagnosen? Sehen wir sie uns nacheinander an.

„Querulanz mit paranoiden Einschlägen" oder auch „Paranoia" oder „Querulanzparanoia": Der Diagnostizierende weiß vom Hintergrund der sozialen Verhältnisse gar nichts oder nimmt eher wahr, daß sie übertrieben sind oder ganz und gar Wahnvorstellungen sind. Die unwahrscheinlich anmutenden Berichte tun das ihrige sicher dazu, denn wer möchte es schon wahrhaben, daß man auch in der westlichen Welt auf reine Stasimethoden der Zersetzung stoßen kann?

„Manisch/depressives" Verhalten: Wie noch dargestellt werden wird, gleitet das Opfer durch den hohen Streß und die Existenzangst in eine

1) die Anamnese = die Hintergründe eines Krankheitsausbruches

Situation, in der er/sie entweder in einer Depression „versinkt“ oder aber eine Obsession entwickelt, eine durch Existenzangst angetriebene Hyperaktivität, um in einer übermächtigen Umgebung, die durch Rechtsverdrehung und feindliche Stigmatisierung das Opfer aus der Gesellschaft herausdrückt, doch noch irgendwie Recht zu bekommen und sich als Gesellschaftsmitglied zu behaupten. Diese Falschdiagnose wird, ähnlich wie die erstgenannte, gestellt, weil die tatsächlichen sozialen Ursachen entweder verkannt oder erst gar nicht beachtet werden. In Wirklichkeit handelt es sich um Streßbelastungen im Angstbereich, die jedoch nur manie- und depressions*ähnliche* Zustände erreichen.

„Charakterprobleme“: Hier wird dem Opfer unterstellt, daß es in seinen Zustand geraten ist, weil es eben charakteristische Probleme aufweist, die mit seiner Persönlichkeit zusammenhängen (weder in der Forschung über Erwachsenen- als auch in der über Kindermobbing konnten einheitliche Persönlichkeitszüge bei den Opfern festgestellt werden).

„Probleme bei der Anpassung an die soziale Umwelt“: Bei dieser Diagnose hat der Arzt oder Psychologe vollständig danebengegriffen. Dem Opfer wird vorgeworfen, daß es eine zu schwache Persönlichkeitskonstitution hat, weil es das Mobbing nicht aushalten kann.

Im Grunde genommen handelt es sich jedoch um genuine und sehr starke Angstreaktionen aufgrund von sehr destruktiven sozialen Umständen, die durchgehend auch ein Protestverhalten durch den hohen Grad von Unrecht und Rechtsverdrehungen hervorrufen, die die Betroffenen über sich ergehen lassen müssen. Es ist folgender Erkrankungsverlauf festgestellt worden:

Der Krankheitsverlauf

Ausgehend von den Resultaten der Untersuchung und von Erfahrungen in der klinischen Arbeit kann folgender hypothetischer Krankheitsverlauf vorgeschlagen werden:

Bei Einsatz des Mobbing: Sofort oder schon nach wenigen Tagen erzeugt der soziale Streß psychosomatische Symptome des Unwohlseins. Patienten berichten immer wieder von Magen/Darm-Problemen, leichteren Depressionen, Schlafstörungen und dergleichen früh auftretenden Streßsymptomen.

Unter normalen Umständen hört der soziale Streß nach relativ kurzer Zeit wieder auf, und der Mensch entspannt sich. Die psychosomatischen Symptome nehmen wieder ab und verschwinden gänzlich. Nicht aber im Mobbingzustand, der ja seiner Definition nach einen andauernden sozialen Druck während sehr langer Zeit darstellt.

Nach ca. einem halben Jahr Mobbing: Dieser Zeitpunkt ist einmal als *statistischer* Grenzpunkt in der Definition des Mobbing gewählt worden (für den Praktiker ist natürlich auch ein Verlauf von kürzerem Zeitraum interessant und sollte auch zu Maßnahmen führen!). Zum anderen wird diese Zeitabgrenzung immer wieder in der Literatur im Zusammenhang mit posttraumatischen psychischen Problemen genannt. Spätestens nach dieser Zeit und unter der Voraussetzung, daß eine Traumareaktion noch nicht abgeklungen ist, soll man von behandlungsbedürftigen posttraumatischen Belastungsstörungen reden. Erfahrungen aus der Erstellung von sozialen Anamnesen bei Mobbingopfern zeigen traumatische Erlebnisse, die danach *nicht* abklingen, sondern – über das Mobben – immer wieder erneut eskalieren. Es ist somit nicht verwunderlich, daß die oben dargestellte Symptomstatistik Syndrombilder ergibt, die dieser DSM III R Diagnose so sehr gleichen.

Nach ca. 1 bis 2 Jahren: Unter dem fortlaufenden sozialen Druck, der immer weiter eskaliert (als durchschnittliche Exponierzeit wurden 1,25 Jahre ermittelt!), scheinen sich den klinisichen Beobachtungen nach die Symptome *zu vertiefen* und *auszubreiten.* Diese Beobachtungen stimmen sehr gut mit dem Resultat der Faktorenanalyse überein. Ohne Chance abzuschwellen, scheint sich das Syndrom zu einem generellen Angstzustand auszuweiten. Somit kann angenommen werden, daß diese Arten von langzeitiger sozialer Destruktion zu einer speziellen Ätiologie führen, an deren Anfang vereinzelte frühe Symptome auftreten, die sich bei einer sozialen Vedichtung zu traumatischen Erlebnissen und zu einer posttraumatischen Belastungsstörung erweitern, um sich bei fortwährender Eskalation der sozialen Zustände zu einer generellen Angststörung auszubreiten, die folglich immer weitere Lebensbereiche angreift. Qualitative anamnestische Analysen von Mobbingopfern zeigen, daß der soziale Druck nach diesem Zeitraum häufig traumatische Rechtsübergriffe beinhaltet, die auch wiederum eskalieren können und zu rein kafkaesken Situationen führen können (siehe Fallbeschreibungen in LEYMANN 1993): Die Kränkung der Rechte stellt sich somit auch, zusammen mit der Angst vor dem wirtschaftlichen Ruin, als zentrale Triebfeder für Gegenattacken und Proteste heraus. Der Patient scheint nunmehr in eine Situation geraten zu sein, wo die soziale Not und das Risiko des unmittelbar bevorstehenden sozialen Abstieges eine starke Sozialisierungskraft darstellen (LEYMANN 1993).

Nach ca. 2 bis 4 Jahren: Die psychischen Beschwerden scheinen chronische Verläufe anzunehmen. Diese scheinen entweder in eine depressive Entwicklung überzugehen, hin und wieder von Protestwellen mit fieberndem Tätigkeitsdrang unterbrochen, um das Berufsleben vielleicht doch noch zu retten. Oder es entwickelt sich das Gegenteil, eine Obsession mit querulantischen Vorzeichen und Hyperaktivität, hin und wieder von einer depressiven Phase unterbrochen. Jetzt entstehen veränderte Persönlichkeitszüge, indem der Patient sich der Situation des Ausgestoßenseins und des Paria gegen seinen Willen anpassen muß. Ein Sozialisierungsprozeß läuft ab, um in der ausgestoßenen Situation überleben zu können. Selbstmorde, die untersucht werden konnten, scheinen darauf hinzuweisen, daß sich der Patient gegen diesen Sozialisierungsverlauf gesträubt hat, und dann nicht mehr die Kraft fand, weiterzukämpfen.

In der ICD-10-Diagnose „andauernde Persönlichkeitsveränderung nach Extrembelastungen“ (F62.0; 1992) werden die diagnostischen Leitlinien dargestellt. Die Belastung soll so extrem sein, daß Vulnerabilität der betroffenen Person als Erklärung für die tiefgreifende Auswirkung auf die Persönlichkeit nicht ausreicht. Zahlreiche detaillierte Fallbeschreibungen zeigen, sozial gesehen, kaum faßbare Lebensschicksale, die alle einem strengen sozialen Strukturverlauf unterworfen sind. Diese soziale Ätiologie der Fälle ist in ihren Grundzügen so stereotypisch (sie spiegeln ja die gesetzgebenden gesellschaftlichen Strukturen wider), so daß sie auch die psychisch stärksten Personen angreift.

ICD-10 schlägt diese Diagnose schon nach zweijähriger Dauer dieser Persönlichkeitsveränderung vor. Unseren klinischen Erfahrungen nach scheint diese Zeitangabe zu generös zu sein. Darum wird vorgeschlagen, daß eine Persönlichkeitsveränderung als bestehend betrachtet werden soll, wenn sie mit derzeitigen Methoden der Rehabilitation nicht mehr rückgängig gemacht werden kann. Hiefür scheinen zwei Jahre zu kurz zu sein. Klinisch fällt auf, daß die Persönlichkeitsveränderung auf einer Sozialisation an erschreckend schwere soziale Umstände beruht, und zwar unter Sträuben. So ein Prozeß scheint wenigstens drei bis vier Jahre zu dauern. Um zu überleben, muß der Patient sein Lebensideal in Frage stellen, denn sein Verhalten, das mit diesem Ideal und der damit verbundenen Persönlichkeit korrespondiert, schützt ihn nicht mehr in der verfahrenen Situation. Da diese kaum noch zu beheben ist, müssen Abstriche im Verhalten und in den Attitüden gemacht werden, die psychisch integriert werden müssen – was mit gleichbleibenden Persönlichkeitswerten nicht geschehen kann. Dieser Prozeß wird als Ursache für die andauernde Persönlichkeitsveränderung vorgeschlagen.

Die Persönlichkeitsveränderung scheint mit zwei pathologischen psychischen Zuständen einherzugehen: Einer Depression, oder – als das Gegenteil – einer Obsession. Bisherige klinische Erfahrungen deuten darauf hin, daß dieser Zustand pathologisch akut bleibt, solange der Patient sich weigert, sich der durch (u. a. oft massiven) Rechtskränkungen erzeugten Lebenssituation zu unterwerfen. Die im ICD-10 zur Diagnosestellung vorgeschriebenen fünf Merkmale scheinen sich, von diesem Gesichtspunkt aus gesehen, in drei Gruppen aufzuteilen, zu denen auch noch weitere Merkmale gefunden werden können. Alle Merkmale setzen eine Persönlichkeitsveränderung voraus (vorgeschlagene Erweiterungen der ICD-10-Leitlinien sind mit * gekennzeichnet):

Pathologisch chronische Obsession:

1. Eine feindliche oder mißtrauische Haltung der Welt gegenüber.
2. Ein chronisches Gefühl von Nervosität, wie bei ständigem Bedrohtsein.

3. Ein suchthaftes Erzählen des eigenen Geschickes, das die Toleranz der Umwelt weit überschreitet und zu Vereinsamung (und zu weiterem Leiden) führt.*
4. Hypersensitivität gegenüber Unrecht und ein stetes hyperaktives Aufgreifen und Sich-Vertiefen in das Leiden anderer.*

Pathologisch chronische Depression:

5. Gefühle der Leere und Hoffnungslosigkeit.
6. Ein chronisches Unvermögen, irgendwelche Freude an kleinen Begebenheiten des Alltags zu erfahren.*
7. Ein ständig akutes Risiko, in ein Abhängigkeitsverhältnis zu Medikamenten zu geraten.*

Sobald sich Patienten dieser beiden Pathologiegruppen ihrer Situation unterwerfen und sie traurig oder erbost hinnehmen:

8. Sozialer Rückzug.
9. Entfremdung.
10. Zynischer Stoizismus.*

Arbeitsrechtlich sollte diese Entwicklung als Arbeitsunfähigkeit beurteilt werden, sobald die Rehabilitation nicht mehr erfolgen kann, und als Berufsunfähigkeit, sobald ein Einsatz auf gleicher Berufsebene (d. h. *vor* dem „psychosozialen Arbeitsunfall" oder *vor* der „psychosozialen Berufserkrankung" des Patienen) nicht mehr durchführbar ist.

7. Maßnahmen

7.1 Was ist zu tun?

Ingrids Schicksal bildet keine Ausnahme in unserem Berufsleben. Es gibt viele Menschen, die sich das Leben nehmen, weil die Behandlung, die sie an ihren Arbeitsplätzen erdulden müssen, so aufreibend, kränkend und deprimierend ist, daß sie es einfach nicht länger aushalten. Wenn es etwas innerhalb des Arbeitsschutzes gibt, das rasch in Angriff genommen werden muß, so sind es diese psychosozialen Bedingungen.

Als ich vor 20 Jahren begann, über Arbeitsmilieuprobleme zu forschen, hatte man eine gewisse Kenntnis davon, daß es Konflikte in der Arbeitswelt gibt und daß diese einzelne Menschen hart treffen kann. Aber wer konnte ahnen, daß psychische Gewalt derart verbreitet ist und eine so zerstörende Struktur hat? Wer konnte ahnen, daß es so schlimm ist, daß sich Menschen *nur aus diesem Grund* das Leben nehmen? Nun, wo es als Folge der Berichte in den Massenmedien anscheinend eher gestattet ist, über die Probleme zu sprechen, teilen sich viele Menschen Arbeitnehmerschutzverbänden, Tageszeitungen, Gewerkschaftsblättern, Gewerkschaftsvertretern, Gewerbeinspektoren, Betriebsärzten und anderen mit.

Ich bin davon überzeugt, daß wir uns in unserer Gesellschaft der gesellschaftlichen Probleme annehmen werden, die bestimmte Arbeitsplätze verursachen. Die Mißstände sind allzu groß, als daß sie auch in Zukunft unter den Teppich gekehrt werden könnten. Zum Glück haben wir in unserem Land *(gemeint Schweden)* eine Basis, von der aus wir arbeiten können. Gewerkschaftsorgane, Betriebsgesundheitswesen und Personalkonsulenten in den Personalabteilungen sind, davon bin ich überzeugt, engagiert und willig, das ihre zu tun. Falls zweckmäßige Forschung von der Gesellschaft bezahlt wird, können Fachleute auch das Wissen erlangen, das sie benötigen, um zu lernen, die dahinterliegenden Ursachen zu bemerken und anzugreifen.

Das geht natürlich nicht schmerzfrei vor sich. Das Erwachen und die Entdeckung dessen, was man bisher geschehen ließ, können sehr brutal und angsterfüllt sein. Sicherlich wird man sich hier und dort gegen sein eigenes schlechtes Gewissen verteidigen wollen. Aber auch das geht vorbei, sofern man sich besinnt und sich aktiv daran beteiligt, die Berufswelt umzugestalten, so daß sie unserer allgemeinen humanen Einstellung entspricht.

Aber das erste Erwachen und die ersten Verteidigungsreaktionen können Schwierigkeiten bereiten. Es gibt zwei Situationen, von denen ich hoffe, daß sie nicht eintreten. Es wäre schlecht, wenn die Verteidigungsreaktionen bedeuten würden, daß man – wieder – menschliche Reaktionen aufzeigen will, die von tiefer Not zeugen, und sie in psychiatrische Diagnosen kleiden will. Das wäre eine unwürdige Handlung – sowohl den Menschen gegenüber, die eine solche psychische Not erleben mußten, daß sie sich das Leben nahmen, als auch uns gegenüber, die wir leben und wissen, daß auch wir, psychisch völlig gesund, in diese Not getrieben werden können, wenn einem die Umstände übel mitspielen.

Eine andere Reaktion wäre genauso schlecht und unwürdig. Nun, da wir allmählich Vorfälle aus dem Berufsleben nachzeichnen können, die Mitmenschen in den Selbstmord treiben, werden Menschen, die an diesen Vorfällen beteiligt waren, unsere Unterstützung brauchen. Solange man unfähig ist, einen Zusammenhang zwischen einzelnen Handlungen, (die überhaupt nicht zielgerichtet sein müssen, sondern jede einzelne noch so unüberlegt sein kann) und deren drastischen Folgen zu sehen, so lange ist man, meine ich, nur begrenzt zur Verantwortung zu ziehen. Menschen, die an Tragödien beteiligt waren, rückwirkend Anklagen über Zusammenhänge, die wir erst jetzt beschreiben können, aber *damals* noch nicht beschreiben konnten, auszusetzen, das wäre unwürdig.

Die größte Achtung, die wir Ingrid und allen anderen Mitmenschen, die bis zum Äußersten getrieben worden sind, erweisen können, besteht darin, daß wir mit aller Kraft unseren gemeinsamen Lebensraum so verändern, daß ihn kein Mitmensch in unserer Gesellschaft länger als eine einzige in die Länge gezogene Qual zu erleben braucht.

Es gibt eine Reihe von Maßnahmen, die wir direkt ergreifen können. Andere können gesetzt werden, sobald neue Arbeitsmodelle entwickelt worden sind. Ohne eigentlich wissenschaftliche Beweise dafür vorlegen zu können, glaube ich indessen, daß die Maßnahmen von wechselndem Charakter sein müssen, je nachdem, in welcher Entwicklungsphase sich ein Opfer befindet. Um das diskutieren zu können, gehen wir zurück zu Tabelle 1, S. 57, und dem Phasenmodell, das dort beschrieben ist.

7.2 Neigung zu Konflikten – psychische Gewalt – personaladministrative Maßnahmen – sozialer Abstieg

Was auch gemacht wird, um in diese negative Entwicklung einzugreifen, die Maßnahmen müssen in erster Linie darauf abzielen, daß das Opfer nicht weiter abrutscht und diese enge Rutschbahn ganz hinunter bis ins Out führt. Der Prozeß muß zunächst dort gestoppt werden, wo er sich in dem Augenblick befindet, in dem man mit dem Fall zu arbeiten beginnt.

Dann müssen Maßnahmen gewählt werden, die effektiv sind im Hinblick auf die Phase, in der sie einsetzen sollen. Die *Neigung zu Konflikten* in Organisationen kann auf vielem beruhen. In dem Ausmaß, in dem sie auf organisatorischen Besonderheiten und Produktionsstreß beruht, dürfte es notwendig sein, die Probleme aufzuzeigen. Dazu gibt es heute eine Reihe verschiedener Methoden für Arbeitsplatzuntersuchungen, die innerhalb der medizinischen und arbeitspsychologischen Vorsorge des Betriebes häufig verwendet werden. Sie sollen hier nicht beschrieben werden, sondern ich verweise auf die dazu erhältliche Literatur.

Seit ein paar Jahren gibt es Arbeitsmethoden, um entweder die Konfliktschwelle innerhalb von Organisationen zu senken oder um nicht beförderte oder beförderte Arbeitnehmer dafür auszubilden, daß sie mit Konflikten besser umgehen können. Es gibt Personalgruppentreffen, Kooperationstraining, Chefausbildung, Entwicklungsgespräche zwischen Über- und Untergeordneten, gruppendynamisches Training, systematische Treffen am Arbeitsplatz und weitere Methoden, die alle darauf hinauslaufen, die Kommunikation in Richtung größeres Bewußtsein von und Fähigkeit zu Konfliktbearbeitung zu steigern. Diese Methoden sollten wesentlich häufiger in Firmen und Verwaltungen angewandt werden, denn eine unserer Hypothesen ist ja, daß die Anzahl der Mobbingfälle zunimmt, wenn die Zahl der Konflikte in einer Organisation hoch ist. Indem man die Konfliktfrequenz „normalisiert" und indem man Konfliktbewältigung lehrt, sollte die Zahl der Mobbingfälle abnehmen.

Aber wenn *Mobbing* dennoch *entsteht?* Dann muß man darauf achten, daß es sich nicht zu schweren und langwierigen Fällen entwickelt. Ich bin davon überzeugt, daß eine frühzeitige Entdeckung eine denkbare Lösung ist. Aber frühe Entdeckung setzt Bewußtsein darüber voraus, daß Mobbing existieren kann, und wie es aussehen kann. Eine Methode, um spontane Früherkennung zu steigern, ist selbstverständlich Information und Ausbildung. In Arbeitsgruppen, in denen man ausgehend von Büchern und Studienzirkelmaterial diskutiert, wird Menschen die soziale Gefahr, die hinter gedankenlosem Mobbing oder brutalem Gebrauch von sozialer Macht steckt, bewußter. Weiß man, was man anrichten kann, so überlegt man es sich vielleicht, ehe man ans Werk geht. Auf diese Art treten weniger Mobbingfälle ein, und wenn sie dennoch eintreten, gibt es eine Chance, sie frühzeitig aufzudecken, weil die Angestellten und gewerkschaftlichen Arbeitssschutzobmänner die Anzeichen dafür erkennen, daß Mobbing im Gange ist.

Ich glaube auch, daß klare Antworten von Arbeitgeber und Gewerkschaft die Anzahl der Fälle reduzieren kann. Kündigen diese beiden Akteure in einer Organisation an, daß sie nicht daran denken, Mobbing zu akzeptieren, und definieren, was sie mit Mobbing meinen, so wird sich die Anzahl der Fälle auch aufgrund dieser Maßnahme verringern.

Innerhalb der Betriebsgesundheitsfürsorge gibt es überdies Hilfsmittel für eine systematische Aufdeckung der Mobbingfrequenz im Betrieb. Wir haben einen Fragebogen ausgearbeitet, mit dessen Hilfe man die Frequenz psychischer Gewalt (oder unethischer Kommunikation) in den Organisationen messen kann (LEYMANN, im Druck). Der Betriebsarzt kann selbst Untersuchungen vorschlagen, oder der Arbeitsschutzobmann oder der Arbeitgeber kann verlangen, daß die Schutzkomitees in den Organisationen eine solche Untersuchung bei ihrer Betriebsgesundheitszentrale in Auftrag geben.[1)]

Die Gruppenmethoden, die oben genannt worden sind, können z.B. von den Personalkonsulenten auch verwendet werden, um anhaltende Konflikte in einer Arbeitsgruppe zu bearbeiten – wenn man früh genug anfängt und es schafft, Kontakt mit der Arbeitsgruppe zu bekommen, wenn das Mobbing gerade begonnen hat. Es hat sich gezeigt, daß Gruppenmethoden für ein Opfer zu einer schweren Belastung werden können, falls die psychische Gewalt lange im Gange war. Der Grund dafür ist, daß das Opfer weiter stigmatisiert werden kann, weil man kaum vermeiden kann, daß das Opfer im Zentrum landet. Sobald ein Fall juristischen Gehalt bekommen hat, ist Gruppendynamik als psychologische Methode ein gefährliches Spiel.

Wenn die Probleme so weit fortgeschritten sind, daß einzelne problemlösende Gespräche nicht länger helfen, so nähert man sich gewöhnlich auch der *personaladministrativen Phase.* Spätestens zu diesem Zeitpunkt muß das Opfer einen Repräsentanten haben. Ein gewerkschaftlicher Vertrauensmann dürfte in diesem späten Stadium eine Notwendigkeit sein.

Aber was soll die Gewerkschaft machen? Ursache dafür, daß die Gewerkschaft derzeit nicht viel unternimmt, ist in der Regel, daß man nicht weiß, was man machen soll, um die Chancen zu erhöhen, daß es dem Opfer wieder gut gehen wird. Das wissen die Personalverwalter übrigens auch nicht.

Es gibt eine Anzahl von Voraussetzungen dafür, daß Konfliktvermittlungen oder Schiedsgerichte gelingen.

Die Vermittlung als Konfliktlösung hat als ein klassisches Vorbild die Schlichtung bei Konflikten am Arbeitsmarkt. Die Prinzipien für die Vermittlung bei sehr ernsten Konflikten zwischen Personen sollten sein:

- Errichtung einer ethisch vertretbaren Diskussionsform;
- Errichtung von formellen Prozeduren, die zwischen den Gegnern vereinbart worden sind;
- absolute Vermeidung von Personenschäden, seien es physische, psychische oder soziale;
- die Gegner sollen miteinander „in Augenhöhe" sein, keiner behandelt den anderen wie ein Vormund.

Das Ziel bei der Konfliktlösung soll nicht, wie derzeit, die Abschaffung des Konfliktes dadurch sein, daß einer der Konfliktbeteiligten ausgestoßen wird, und später eine soziale Lösung für das Individuum innerhalb des Pflegebereiches oder des sozialpolitischen Sektors gesucht wird.

Resultat der Vermittlung zwischen den Konfliktparteien muß die Abschaffung (am besten Lösung) des Konfliktes sein, und gleichzeitig wird dem Schwächeren im Kampf eine Arbeitssituation garantiert, die vom wahren Geist des Arbeitsschutzgesetzes geprägt ist.

---

1) Diese Terminologie bezieht sich auf die schwedische Situation.

Daß Versuche in dieser Richtung heute mißglücken, dürfte durchwegs darauf beruhen, daß der Schwächere heute „administriert wird", nicht als Gegner in Augenhöhe betrachtet wird oder im allgemeinen sehr verletzend behandelt wird.

Die Erfahrungen aus anderen Vermittlungsarbeiten innerhalb des Arbeitsmarktes zeigen, daß noch zwei andere wichtige Voraussetzungen gegeben sein müssen: Erstens muß der Vermittler einen Status besitzen, der bedeutet, daß er oder sie als eine Vermittlerautorität selbst gegenüber dem Widersacher auftreten kann, der den höheren Rang hat. Zweitens müssen beide Partner Zugang zu ethischen Vergeltungsmaßnahmen haben, falls die Vermittlung an einen toten Punkt kommt. Als Beispiele solcher Repressalien wären möglich:

(1) daß ein ethisch gut fundierter sozialer Druck seitens der Umgebung existiert, daß *beide* Teile zu einer Vermittlungslösung gelangen sollen;

(2) den Konflikt an die Öffentlichkeit zu bringen, um Druck von seiten der sozialen Umgebung zu schaffen, die ihrerseits mit moralischen Betrachtungsweisen Druck machen kann;

(3) Möglichkeiten zu unparteiischer Untersuchung. Die letztere Möglichkeit müßte vorhanden sein, aber sie soll nicht ohne gewisse formelle Prozeduren zugänglich sein. (Seitens der Betriebsgesundheitsvorsorge habe ich den Vorschlag einer Art Untersuchungsausschuß bekommen.)

Die Erfahrungen, die ich durch meine Einblicke in recht viele Konflikte gewonnen habe, deuten darauf hin, daß die Konfliktlösung weniger an juridischen Fragen scheitert. Oft wünscht der Schwache, der vom sozialen Abstieg bedroht wird, in irgendeiner Form rehabilitiert zu werden, oder daß man ihm versichert, nicht der Alleinschuldige am Konfliktverlauf gewesen zu sein. Ich bin verblüfft darüber, daß ich bisher nur selten auf Fälle gestoßen bin, in denen der Arbeitgeber als Gegner seine Fehler zugeben und dem Angestellten Wiedergutmachung leisten konnte. In den Fällen, in denen der Konflikt völlig schief gelaufen ist, verlangt der Repräsentant des Arbeitgebers in der Regel irgendeine Form von totaler Unterwerfung unter sein Diktat. Meine Erfahrung ist, wie gesagt, daß es diese erlittenen Kränkungen sind, die die Situation auf die Spitze treiben. Deshalb sollten die Probleme im Prinzip leichter zu lösen sein, wenn man geeignete konfliktmildernde Vermittlungsformen findet und seine humane und ethische Verantwortung wahrnimmt angesichts von Menschen in großer psychischer und sozialer Verzweiflung.

Vermittlungsprinzipien müssen ausgearbeitet werden. Ich kann mir vor allem zwei denken: (1) die Widersacher in Augenhöhe miteinander zu bringen; (2) ein sehr aktiver Vermittler, der zwischen den Gegnern pendelt und auch eigene Vorschläge hat.

Der Verlauf könnte folgendermaßen aussehen:

- Die Gegner einigen sich darauf, daß vermittelt werden soll.
- Über den Gewerkschaftsverband des Angestellten oder von einer Beraterfirma wird ein Anwalt zur Verfügung gestellt (Der Angestellte muß

unbedingt einen Repräsentanten haben, am besten sollte auch der Arbeitgeberrepräsentant einen Anwalt haben – unter keinen Umständen dürfen die Gegner während der Vermittlung direkt aufeinandertreffen.).

- Die Widersacher und die an der Vermittlung Beteiligten hören sich einen Vortrag über die bisherigen Forschungsresultate an (Ziel: die Ursachen nicht primär bei der Person zu suchen, sondern bei der Konstellation von Ursachen, die eine komplizierte Situation schafft).
- Der Vermittler handelt eine Vermittlungsprozedur aus.
- Der Vermittler pendelt mit Vorschlägen zwischen den Kontrahenten, und versucht gleichzeitig das Niveau der Ansprüche bei ihnen zu senken. (Es passiert nicht selten, daß die Kontrahenten voneinander die totale Unterwerfung verlangen.)

Es kann schwer sein, im Handumdrehen einen geschickten Vermittler zu finden. In diesem Fall, oder wo der Konflikt oder die Ausgrenzung noch weiter gegangen sind, soll man vielleicht zu einem Schiedsgerichtsverfahren greifen. Bei einem solchen Verfahren wählt jeder Gegner seinen Repräsentanten, und diese Vertreter wählen einen Vorsitzenden. Diese drei externen Personen müssen zusammen sowohl juridische als auch verhaltenswissenschaftliche Kompetenz haben. Wie der Fall gelöst werden soll, ist nicht vorgeschrieben. Die Lösung muß eine einvernehmliche Lösung sein. In vielen Fällen kann ich nicht erkennen, wie eine solche Lösung möglich sein soll, ohne daß das Opfer (oder vielleicht beide Kontrahenten?) moralisch rehabilitiert wird.

Es ist wahrscheinlich, daß solche Arbeitsprozeduren kostspielig sein werden. Sie können einige Zeit brauchen, und Menschen werden engagiert, die nicht gerade Niedriglohngruppen angehören. Vermutlich wird das dennoch, wirtschaftlich betrachtet, ein gutes Geschäft für den Arbeitgeber. Ein Konflikt, der festgefahren ist, kann unerhört teuer werden.

Aber selbst wenn wir in Zukunft wesentlich erfolgreicher sein werden beim Lösen von Fällen, so wird es immer Personen geben, die entweder *an den Rand der Gesellschaft gedrängt werden und/oder denen es so schlecht gehen wird, daß psychologische und soziale Rehabilitierung erfolgen muß. Ich-unterstützende oder realitätsunterstützende Psychotherapie wird dann aktuell. Ich bin jedoch derzeit nicht ganz sicher, daß sie einigen der Personen, die ich während meiner Forschung kennengelernt habe, helfen können, da sie sowohl psychologisch als auch sozial zu schwer geschädigt schienen. Hier müßte man vermutlich ergänzende Rehabilitierungsformen entwickeln, bei denen soziale Faktoren besonders genau beachtet werden.*

Es sind also Arbeitsformen verfügbar, selbst wenn einige weitere entwickelt werden müssen (eine Arbeit, die noch im Gange ist zu dem Zeitpunkt, da das Buch in Druck geht). Unsere Arbeitsstudien zeigen, daß das einzige, was fehlt, oft guter Wille ist, leider am häufigsten von der Arbeitgeberseite. Dies ist ein großes Problem, vermutlich sogar ein sehr umfangreiches. Ich bin dennoch definitiv davon überzeugt, daß man zu Lösungen kommen könnte, wenn nicht in allen Fällen, so doch in vielen.

7.3 Vorbeugende Maßnahmen

Der ÖGB-Verlag hat sich bereit erklärt, in Kürze ein Video zum Thema sowie diverses Material zu vertreiben.

Das Video hat ca. 50 Minuten Spielzeit. Es enthält vier authentische Szenen, von schwedischen Schauspielern gespielt – die Dialoge werden von einem deutschen Sprecher gesprochen (man hört dann im Hintergrund schwach die schwedischen Stimmen). Die Szenen sind so gewählt, daß sie von männlichen und weiblichen „Fällen" handeln und von verschiedenen Branchen: einer Werkstatt, der Feuerwehr, einer staatlichen Verwaltung und einer Schule.

Zwei Bücher über Mobbing von Prof. DDr. Heinz Leymann. Eines ist im Rowohlt Verlag erschienen. Das andere halten Sie in Händen.

Die Diskussionsfragen, die man den Teilnehmen vorlegt, sind in einem Kompendium gesammelt. Die Fragen greifen verschiedene Themen auf, und zwar beleuchten einige von ihnen Dinge, die im Buch geschildert werden. Andere wieder knüpfen an die vier Szenen des Videos an.

Ein Bereitschaftsplan kann von den Teilnehmern diskutiert werden. Es handelt sich um ein kleineres Kompendium mit neun Fragen. Diese Fragen steuern darauf hin, daß die Teilnehmer schrittweise erste Ideen zu einem Bereitschaftsplan erarbeiten, mit dem man im Betrieb dann vorbeugende Schritte oder Gegenmaßnahmen vornehmen kann.

Mit Hilfe von ca. *20 Folien* und einer entsprechenden Anleitung kann man ein eigenes Referat gestalten.

7.4 Die Ziele der vorbeugenden Arbeit

Die Probleme vor Ort könnten folgendermaßen beschrieben werden: Niemand hat eine Ahnung davon, was Mobbing ist, und was es verursachen kann. Opfer, die sich beschweren, werden umso ärger gemobbt. Management und Vorgesetzte sehen nichts, oder wissen nicht, was sie machen sollen, oder ob es eigentlich zu ihrem Verantwortungsbereich gehört, einzugreifen. Das stigmatisierte Opfer wird abgeschoben. Daraus ergeben sich einige Arbeitsziele, die unbedingt angesteuert werden müssen:

1. Information und Aufklärung

Die Durchführung von Ausbildungs- und Informationstagen für alle Angestellten und besonders für Führungskräfte ist ein unbedingtes Muß. Da Mobbing sehr oft geschieht, ohne daß man sich dabei etwas denkt, kann man es durch Aufklärung sehr wohl beeinflussen.

2. Anlaufstelle

Es muß im Betrieb sehr deutlich aufgezeigt werden, an wen ein Opfer sich wenden kann, um Hilfe zu bekommen. Auch hierüber muß informiert werden. Außerdem muß klargestellt werden, was für Befugnisse diese Person haben soll.

3. Betriebs„polizei“

Die Betriebsleitung muß dokumentarisch sehr klar herausstellen, daß sie es mit dem Antimobbingprogramm sehr ernst meint: Mobbingfälle sollen aufgeklärt werden. So eine Stellungnahme wird den Führungskräften die Gewißheit geben, daß sie auch wirklich eingreifen können, denn sie müssen fühlen, daß sie die Betriebsleitung hinter sich haben. Diese kann auch sehr wohl kommunikative Disziplin verlangen, indem stipuliert wird, daß man es sich nicht wünscht, daß Konflikte in der Arbeit „privatisiert“ werden, und daß sich Mitarbeiter aus plötzlich privat gewordenen Aversionen in den Haaren liegen. So etwas kostet sehr viel Geld, mindert die Arbeitsmotivation des einzelnen und zerstört das Betriebsklima, was zum Niedergang der Konkurrenzfähigkeit führen kann. Eine Absprache kann auch umfassen, daß der Betrieb wünscht, daß die Angestellten bei tieferen Konflikten sich einem neutralen Schiedsverlauf unterziehen sollen.

8. Literatur

Becker, Michael. 1993: *Die stationäre Behandlung psychisch Erkrankter auf Grund von Arbeitsbelastungen.* In: Liepold: Mobbing. Kammer für Arbeiter und Angestellte für Salzburg.

DSM III R. 1987: Washington, DC: American Psychiatric Association.

Einarsen, Stale & Raknes, Björn Inge. 1991: *Mobbing i arbeidslivet.* En undersökelse av forekomst og helsemessige konsekvenser av mobbing pa norske arbeidsplasser. Bergen: Forskningssenter for arbeidsmiljö (FAHS).

Flanagan, John. 1954: *The Critical Incident Technique.* Psychological Bulletin, Vol. 51, S. 327–358.

Gardell, Bestil: *Psychological and socialproblems of industrial work.* International Journal Psychology 12: 125–134.

ICD-10. 1992: *The ICD-10 Classifikation of Mental and Behavioural Disorders.* Geneva: WHO.

Leymann, Heinz. 1985: Somatic and Psychological Symptoms after Experience of Life Threatening Events: A Profile Analysis. In: *Victimology, an International Jounal; Vol 10, 1985, No:s 1–4; Pp 512–538.*

Leymann, Heinz. 1986: *Vuxenmobbning.* Lund: Studentlitteratur.

Leymann, Heinz. 1987: *Selbstmord als Folge von Arbeitsverhältnissen* (auf schwedisch). Arbete, människa, miljö. 3: 87, 155–160.

Leymann, Heinz. 1988: Stress Reactions after Bank Robberies: Psychological and Psychosomatic reaction Patterns. In: *Work & Stress. Vol. 2; No 2; Pp 123–132.*

Leymann, Heinz. 1990: *Manual till LIPTD-formuläret.* Stockholm: Praktikertjänst.

Leymann, Heinz. 1992 a: *Vuxenmobbning pa svenska arbetsplatser.* En rikstäckande undersökning med 2.428 intervjuer. Delrapport 1om frekvenser. Stockholm: Arbetarskyddsstyrelsen.

Leymann, Heinz. 1992 b: *Psykiatriska hälsoproblem i samband med vuxenmobbning.* En rikstäckande undersökning mec 2.428 intervjuer. Delrapport 3. Arbetarskyddsstyrelsen.

Leymann, Heinz. 1992 c: *Fran mobbning till utslagning i arbetslivet.* Stockholm: Publica.

Leymann, Heinz: 1993: *Mobbing, Psychoterror am Arbeitsplatz und wie man sich dagegen wehren kann.* Reinbek Hamburg: Rowohlt Verlag.

Malt, Ulrik; Karlehagen, Sigvard; Leymann, Heinz; Hildingsson, Kerstin; Tibell, Eva; Herrströmer, Ulf; Hoff, Herman. (Im Druck): *The longterm effect of major railway accidents on the psychological health of the engine drivers. A longitudional study.*

Niedl, Klaus. 1993: *Mobbing. Feindseligkeiten gegen Kollegen/innen, Vorgesetzte und Untergebene am Arbeitsplatz. Eine empirische Analyse.* Wien: Wirtschaftsuniversität Wien. Abteilung für Personalwirtschaft.

Paanen Elsa & Vartia Marit. 1991: *Mobbing at workplaces in state government* (auf finnisch). Helsinki: Finnish Work Environment Fund.

Theorell, Töres; Leymann Heinz; Jodko, Margareta; Konarski, Kristofer; Norbeck, Hans Erik; Eneroth, Peter. 1992: „Person under train"-Incidents: Medical Consequences for Subway Drivers. *Psychosomatic Medicine.* 54: 480–488 (1992).

Klaus Niedl

Mobbing in Österreich

1. Einleitung

Wir alle wissen, wie wichtig ein gutes Verhältnis zwischen uns und den Kollegen am Arbeitsplatz oder zum Vorgesetzten ist. Einen wesentlichen Teil unseres Wohlbefindens beziehen wir nämlich aus diesen Beziehungen. So wird z.B. manch langweilige Arbeit durch ein gutes Verhältnis am Arbeitsplatz ausgeglichen; oft kann uns diese Stütze helfen, andere Schwierigkeiten und Konflikte (z.B. Streit mit dem Partner zu Hause) zu bewältigen. Umgekehrt kann uns auch die interessanteste Arbeit vermiest werden, wenn es zu Konflikten am Arbeitsplatz kommt.

Es ist jedoch unvermeidbar, daß Meinungsverschiedenheiten, Konflikte und ungerechte Behandlung am Arbeitsplatz auftreten. Ein vollkommen konfliktfreies Miteinander am Arbeitsplatz ist schon allein deshalb ausgeschlossen, weil hier unterschiedliche Auffassungen, gegensätzliche Interessen und verschiedene Werthaltungen aufeinander treffen. So ist es beispielsweise möglich, daß dem einen Kollegen Ordnung über alles geht und jedes Blatt Papier, jeder Bleistift seinen Platz am Schreibtisch findet, der Schreibtisch der Arbeitskollegin gegenüber aber ständig chaotisch überladen ist. Schon ist Stoff genug für Debatten über den Sinn und Unsinn eines ordentlichen Arbeitsplatzes vorhanden. Nicht selten gehen dann Kollegen wütend über die Uneinsichtigkeit des jeweils anderen auseinander. Kommt dann vielleicht noch Streß aufgrund von permanenter Arbeitsüberlastung hinzu, dann schreit man auch mal jemanden an, obwohl man das eigentlich gar nicht wollte. Wichtig ist in einem solchen Fall, wie man mit derartigen Konflikten umgeht. Die moderne Managementliteratur ist nach langer Diskussion zur Auffassung gekommen, daß Konflikte normal und allgegenwärtig sind, immer wieder auftreten und produktiv genutzt werden können.[1)]

Es gibt aber auch Fälle wie den von Ingrid. Einzelne Personen in der Arbeitsgruppe, in der Abteilung oder in der Firma werden immer wieder gehänselt, verspottet, geschnitten oder man macht „kleine Späßchen“ mit ihnen. Jeder von uns kennt solche Situationen aus der Schule, wo es auch immer Mitschüler gab, die so behandelt wurden. Nun findet das Ganze am Arbeitsplatz statt. Wir sagen: Jemand wird gemobbt.

In den skandinavischen Ländern hat das Thema Mobbing großes Interesse geweckt. Wurde darüber in Zeitungen geschrieben, rief eine Vielzahl von Betroffenen bei den Journalisten an. Mittlerweile erhalten die Betroffenen Schadenersatz, wenn gegen Mobbing im Betrieb nichts unternommen wird. Es sind bereits spezielle juristische und medizinische

1) vgl. BERTHEL 1991, S. 306

Hilfseinrichtungen vorhanden, die der Betreuung von gemobbten Männern und Frauen dienen.

Wie sieht es im Vergleich zu den skandinavischen Ländern bei uns aus? Gibt es Mobbing auch in Österreich, in der BRD? Wie weit verbreitet ist es? Was kann man dagegen tun? Es sind dies Fragen, die im vorliegenden Beitrag beantwortet werden sollen. Gleich zu Beginn muß aber gesagt werden, daß eine umfassende und abschließende Antwort nicht gegeben werden kann, weil die Thematik im deutschen Sprachraum erst seit knapp zwei Jahren diskutiert wird. Dennoch gibt es bereits erste Einrichtungen und Maßnahmen, die beim Umgang mit Mobbing helfen können.

Der vorliegende Beitrag soll daher die aktuelle Situation in Bezug auf Mobbing in Österreich beschreiben. Im Anhang werden ergänzend konkrete Personen und Institutionen genannt, an die man sich als Betroffener oder Betroffene wenden kann.

2. Was ist Mobbing?

Das Tagebuch von Ingrid beschreibt nur eines von vielen Mobbingschicksalen. Die Geschichte anderer Betroffener könnte wieder ein völlig anderes Gesicht haben. Es würden andere Handlungen auftreten, die von anderen Personen in anderen Unternehmen ausgeführt werden. Es wird daher für jedermann einsichtig, daß es sehr schwer ist, für all diese Situationen einen gemeinsamen Nenner zu finden. Wir brauchen diesen gemeinsamen Nenner aber, damit wir sicherstellen, daß wir auch alle das Gleiche meinen und vom Gleichen reden. In der Wissenschaft müssen daher Definitionen gebildet werden, die bestimmte Merkmale zu Objekten zuordnen.[1)]

Mobbing (aus dem Englischen von „to mob" = anpöbeln, attackieren) ist für wissenschaftliche Begriffe ein noch relativ unerforschtes Gebiet. Man weiß in einigen Ländern z.B. viel über die Verbreitung, die Ursachen oder die medizinischen Probleme, die mit diesen Vorgängen am Arbeitsplatz verbunden sind. Erst allmählich aber wird klarer, was Mobbing ausmacht und was nicht. Aus diesem Grund gibt es von unterschiedlichen Personen auch verschiedene Definitionen, die sich mit zunehmenden Forschungsergebnissen über Mobbing immer ähnlicher werden. Es lassen sich Gemeinsamkeiten in diesen Definitionen finden, die folgendermaßen aussehen:

- Eine oder mehrere Personen sind am Arbeitsplatz negativen Handlungen (z.B. Isolation, Kränkung, Herabsetzung, Gewalt) ausgesetzt.
- Diese negativen Handlungen werden von einzelnen oder mehreren Kollegen, Vorgesetzten oder Untergebenen gegen die betreffende Person ausgeübt.
- Die negativen Handlungen müssen häufig auftreten *und* über längere Zeit andauern.[2)]

Das wesentliche an Mobbing ist, daß am Arbeitsplatz Handlungen auftreten, die von den betroffenen Personen als *feindselig empfunden* werden. Für den einen bedeuten z.B. die „Späßchen" seiner Kollegen nichts, weil sie für ihn nur ein Spiel sind. „*Das war hier schon immer so – eine Riesenhetz*". Eine andere Person empfindet die Situation hingegen als feindselig. Außerdem müssen diese als feindselig empfundenen Handlungen *systematisch* auftreten; das bedeutet, daß sie *häufig* auftreten *und* über *längere* Zeit anhalten müssen.[3)] Systematisch bedeutet aber nicht gleichzeitig, daß diese feindseligen Handlungen der ausführenden Person auch wirklich bewußt sind.

Diese Definition von Mobbing ist sehr breit und gleichzeitig spezifisch. Sie umfaßt eine Reihe von Handlungen verschiedenster Art: So können Personen darunter leiden, wenn andere dauernd bestimmte (frauenfeindliche oder ausländerfeindliche) Witze erzählen, die sie nicht hören wollen,

1) vgl. FRIEDRICHS 1980, S. 73
2) vgl. EINARSEN/RAKNES 1991, S. 10; LEYMANN 1991, S. 5; THYLEFORS 1987, S. 20
3) vgl. NIEDL 1993, S. 91

wenn sie immer wieder wegen einer körperlichen Eigenart (z.B. Glatze) von den anderen „aufgezogen“ werden, wenn sie systematisch sexuellen Belästigungen ausgesetzt sind oder zum Sündenbock eines Vorgesetzten oder der Arbeitsgruppe werden, der für jeden Fehler in der Arbeit herhalten muß. Selbst vor Drohungen und tätlichen Angriffen wird nicht zurückgeschreckt. Obwohl die Palette dieser Handlungen sehr breit ist, gibt es eine Reihe von Handlungen, die immer wieder im Mobbinggeschehen zu finden sind. HEINZ LEYMANN hat 45 dieser Handlungen in seinem LIPT – Fragebogen zusammengefaßt (diese werden an späterer Stelle beschrieben).[1)]

1) vgl. LEYMANN 1993, S. 33 ff.

3. Forschungsergebnisse zu Mobbing in Skandinavien

Seit ungefähr 10 Jahren wird in den skandinavischen Ländern zum Thema Mobbing intensiv geforscht. Ausgehend von Schweden wurden auch in Norwegen und Finnland zum Teil sehr umfangreiche wissenschaftliche Untersuchungen durchgeführt, um mehr über die Verbreitung dieses Phänomens, seine Folgen und Ursachen zu erfahren. Soweit Untersuchungen vorliegen, kann man sagen, daß die skandinavischen Wissenschaftler bis vor einem Jahr die einzigen waren, die sich mit diesem Thema auseinandergesetzt haben. Es taucht daher die Frage auf, warum gerade dort Mobbing so stark im Mittelpunkt des Interesses steht.

Liegt es vielleicht daran, daß die skandinavischen Länder von ihrer Tradition her sehr „soziale" Länder sind? Oder kann es sein, daß die Schweden, Norweger und Finnen ihre Leute am Arbeitsplatz mehr schikanieren als dies in Österreich, der BRD oder der Schweiz der Fall ist? Man kann nie mit vollständiger Gewißheit sagen, was dazu geführt hat, daß ein bestimmtes Problem, das es immer schon gegeben hat, auf einmal wissenschaftlich untersucht wird. Auf der einen Seite muß es Personen geben, die plötzlich Interesse für eine Thematik entwickeln, auf der anderen Seite können bestimmte Probleme in Unternehmen nicht mehr bewältigt werden, und man fragt sich, wie es dazu kommen konnte. Tatsache ist, daß vor allem die folgenden Gründe dazu beigetragen haben, daß Mobbing in Skandinavien ein größeres Forschungsinteresse geweckt hat, als es hierzulande der Fall ist:

Das schwedische Arbeitsumweltgesetz aus dem Jahr 1978 beinhaltet einen Paragraphen, wonach die Arbeitsverhältnisse so gestaltet werden müssen, daß der Beschäftigte keinen psychischen oder physischen Schaden erleidet. Die Forschung ist darum sehr bemüht, Zusammenhänge zwischen körperlichen und psychischen Beeinträchtigungen einerseits und den Bedingungen am Arbeitsplatz andererseits zu erkennen, damit die Betriebe Folgeschäden vermeiden können. Weil sie im Interesse für den einzelnen Beschäftigten und dem Unternehmen liegen, werden für diese Forschung – und damit auch für die Mobbingthematik – von der staatlichen Seite durch verschiedene Fonds Mittel zur Verfügung gestellt.

Seit Jänner 1992 werden die schwedischen Unternehmen zur Wiedereingliederung von Personen, die oft Kurzzeitkrankenstände haben oder lange Zeit krank waren, am Arbeitsplatz gesetzlich verpflichtet. Sinn dieser Regelung ist es, die arbeitsplatzbedingten Ursachen, die zu diesen Krankheiten führen, zu erkennen und damit zu beheben.[1)] Es liegt daher im Interesse der Unternehmen, die krankheitsfördernden Faktoren am Arbeits-

1) vgl. § 2a Kap 3 Arbetsmiljölagen

platz zu erkennen, um diese gesetzliche Auflage zu erfüllen. Andererseits ist die Einführung solcher Maßnahmen mit Kosteneinsparungen für den Betrieb verbunden.

Im folgenden sollen nun einige wichtige Ergebnisse aus schwedischen und norwegischen Untersuchungen dargestellt werden, um zu zeigen, wie verbreitet Mobbing ist, welche Formen es annehmen kann und wer hauptsächlich betroffen ist.

Mobbing in Norwegen

In Norwegen untersuchten Einarsen und Raknes vom Forschungszentrum für Arbeitsumwelt, Gesundheit und Sicherheit an der Universität Bergen die Mobbingproblematik. Es wurden Beschäftigte aus sieben verschiedenen Branchen zufällig ausgewählt, 2215 Personen wurden befragt.

Wenn man nun untersuchen will, wieviele Personen von Mobbing betroffen sind, so muß man ein Kriterium festlegen, das Gemobbte charakterisiert. Bei der norwegischen Untersuchung zu Mobbing las der Interviewer der befragten Person eine Definition vor, die folgendermaßen lautete:

> *„Man spricht dann von Mobbing, wenn eine Person oder mehrere Personen häufiger über eine Zeit lang negativen Handlungen (Schikane, Isolation, Kränkungen usw.) von einer anderen oder mehreren anderen Personen ausgesetzt ist/sind. Weiters muß ein Ungleichgewicht im Stärkeverhältnis vorhanden sein, sodaß das Mobbingopfer es schwer hat, sich zu verteidigen. Man spricht nicht von Mobbing, wenn etwa zwei gleich starke Personen einen Konflikt austragen, oder wenn es sich um kleine Konfliktepisoden handelt" (Anmerkung: Übersetzung aus dem Norwegischen).*[1)]

Im Anschluß daran wurde die Person gefragt, ob sie innerhalb der letzten sechs Monate diesem Mobbing ausgesetzt war.

10,3 % der befragten Personen gaben an, daß sie Mobbing im Laufe der letzten sechs Monate ausgesetzt waren. 33 Beschäftigte (1,5 %) meinten, daß dieses Mobbing mehrmals pro Woche bei ihnen auftritt, 16 Personen (0,7 %) sagten, daß es ungefähr einmal in der Woche zu Mobbinghandlungen kommt.[2)]

Es konnte in dieser Erhebung kein Beweis dafür gefunden werden, daß Frauen stärker als Männer von Mobbing betroffen waren. Es ergaben sich jedoch Unterschiede, wenn man das Alter der Betroffenen betrachtete: Vor allem Personen, die älter als 51 Jahre waren, waren im Vergleich zu Jüngeren deutlich stärker dem Mobbing ausgesetzt.[3)]

---

1) vgl. EINARSEN/RAKNES 1991, S. 10
2) vgl. EINARSEN/RAKNES 1991, S. 42, S. 93
3) vgl. EINARSEN/RAKNES 1991, S. 49, S. 100

Die Personen wurden auch danach gefragt, welche Handlungen gegen sie angewendet wurden. In den meisten Fällen wurden die Meinungen der Beschäftigten nicht beachtet oder Informationen bewußt zurückgehalten. Die Beschäftigten wurden zum Narren gehalten oder ausgelacht, man verbreitete Gerüchte/Tratsch über sie. Eine Strategie bestand auch darin, daß die Betroffenen immer wieder an kleine Fehler erinnert wurden.[1)]

Mobbing in Schweden

Die meisten Untersuchungen zum Thema Mobbing stammen aus Schweden. Bei diesen Erhebungen, die von HEINZ LEYMANN alleine oder mit anderen gemeinsam durchgeführt wurden, füllten die ausgewählten Personen den Fragebogen LIPT aus *(= Leymann Inventory of Psychological Terror)*. Dieser enthält einen Katalog mit 45 Mobbinghandlungen, wobei die befragten Personen bei jeder dieser Handlungen angeben mußten, ob sie davon betroffen sind oder nicht. Im Anschluß an diesen Handlungskatalog wurde noch gefragt, wie oft und wie lange diese Handlungen angedauert haben. Damit legt nicht die Person selbst fest, ob sie gemobbt wird, sondern diese Festlegung trifft der auswertende Wissenschafter. Das Kriterium dafür lautet folgendermaßen: *Jemand ist dann gemobbt, wenn er/sie mindestens einmal pro Woche (= öfter) und über einen Zeitraum von mindestens einem halben Jahr (= länger) mindestens einer der 45 Mobbinghandlungen ausgesetzt ist.*

Die Untersuchungen wurden in unterschiedlichsten Unternehmen und Organisationen durchgeführt: Untersucht wurde in einem Stahlwerk, in einer Sägemühle, in Kindergärten, in einer Non – Profit Einrichtung für Behinderte und in zwei politischen Parteien. Die dabei ermittelte Anzahl an Gemobbten schwankte je nach Organisation zwischen 1,7 % und 22 %.[2)]

Neben diesen Erhebungen wurde eine Studie durchgeführt, bei der man sich die Frage stellte: Wie stark ist Mobbing in der gesamten erwerbstätigen Bevölkerung verbreitet? Zu diesem Zweck wurde eine für schwedische Arbeitsverhältnisse repräsentative Studie durchgeführt, d.h. man befragte rund 2500 zufällig ausgewählte schwedische Beschäftigte, die eine verkleinerte Abbildung der gesamten arbeitenden Bevölkerung darstellten. Dabei fand man, daß 3,5 % der arbeitenden schwedischen Bevölkerung von Mobbing betroffen sind. Mit anderen Worten: Hochgerechnet bedeutet dieses Ergebnis, daß zum Erhebungszeitpunkt rund 154.000 Personen in Schweden von einer oder mehreren Mobbinghandlungen mindestens einmal in der Woche und über ein halbes Jahr lang betroffen waren.[3)]

Man fand hinsichtlich der Geschlechter keinen Unterschied, d.h. Männer wie Frauen waren in dieser Erhebung gleich oft von Mobbing betroffen. In Bezug auf das Alter waren zwar die Jüngeren zwischen 21 und 40 Jahren im

1) vgl. EINARSEN/RAKNES 1991, S. 46
2) vgl. LEYMANN 1993, S. 93–106
3) vgl. LEYMANN 1993, S. 84 ff.

Vergleich zu den übrigen Altersgruppen stärker betroffen, dieses Ergebnis ist jedoch statistisch nicht abgesichert; es kann auch auf Zufall beruhen.[1)]

Die Beschäftigten wurden vor allem gefragt, auf welche Art und Weise sich Mobbing bei ihnen gezeigt hat. Die folgende Übersicht zeigt, welche Handlungen von den 85 Betroffenen am häufigsten genannt wurden. Die Angaben in der Klammer zeigen an, wieviele Personen diese konkrete Handlung anführen:

- Andeutungen, ohne daß man etwas direkt ausspricht (67 Personen).
- Man spricht hinter Ihrem Rücken schlecht über Sie (60 Personen).
- Ständige Kritik an Ihrer Arbeit (51 Personen).
- Der Vorgesetzte schränkt Ihre Möglichkeit ein, sich zu äußern (46 Personen).
- Sie werden wie Luft behandelt (43 Personen).[2)]

Vergleicht man nun die Hauptergebnisse der norwegischen und schwedischen Studien, dann zeigen sich folgende Gemeinsamkeiten und Unterschiede:

- Die Untersuchungen zeigen vor allem, daß Mobbing kein Randproblem ist, von dem nur wenige Beschäftigte betroffen sind. Schwedische Beschäftigte haben im Bevölkerungsdurchschnitt eine Mobbingbetroffenheit von 3,5 %; der in Norwegen in sieben wichtigen Branchen ermittelte Anteil von 10,3 % scheint damit höher zu liegen. Es wurden aber bei beiden Befragungen unterschiedliche Methoden und Kriterien für Mobbing verwendet. Gleicht man die norwegische Befragung der schwedischen Befragung an, dann kann man sagen, daß die Mobbinghäufigkeit in beiden Ländern ähnlich ist.
- In beiden Erhebungen konnte kein Beweis dafür erbracht werden, daß Frauen stärker als Männer gemobbt sind. In Bezug auf das Alter kann man nur aufgrund der norwegischen Befragung sagen, daß ältere Beschäftigte stärker von ihrer sozialen Umgebung angegriffen werden.
- Die Art und Weise der Angriffe ähnelt sich in beiden Untersuchungen: Im Vordergrund standen Handlungen, die von Außenstehenden oft nur schwer beobachtbar sind. Die Beschäftigten fühlten sich entwertet, weil man sie im Gespräch nicht als gleichwertigen Partner akzeptierte, weil man sie isolierte und von Informationen abschnitt. Weiters litten sie auch häufig darunter, daß ihre Vorgesetzten, Kollegen oder Untergebenen über sie falsche Gerüchte verbreiteten oder hinter ihrem Rücken schlecht über sie gesprochen wurde.

In den skandinavischen Ländern ist die Arbeitspsychologie sehr engagiert, vor allem, wenn es darum geht, Forschungsergebnisse in die Tat umzusetzen. Deshalb sind auch die Ergebnisse der Mobbingforschung nicht in einer „Schublade gelandet“, sondern wurden dazu benützt, Verbesserungen in den sozialen Beziehungen am Arbeitsplatz zu bewirken sowie

---

1) vgl. LEYMANN 1993, S. 84 ff.
2) vgl. LEYMANN 1991, S. 18 ff.

den Betroffenen medizinische, psychologische und rechtliche Hilfestellung zu geben. So findet man z.B. in schwedischen Tageszeitungen die Telefonnummer einer Beratungsstelle für Gemobbte[1]. Betroffene Männer und Frauen schließen sich auch zu diversen Selbsthilfegruppen zusammen, um ihre Erfahrungen auszutauschen[2]. Und Unternehmen – als eigentliche Orte des Geschehens – sind ebenfalls darum bemüht, sich des Mobbingthemas anzunehmen[3]. Dabei genießt Schweden den Vorteil, eigene psychosoziale Berater im Unternehmen – sogenannte Personalkonsulenten – zu haben, die im Bereich Mobbing durch intensive Aufklärungs- und Schulungsmaßnahmen tätig werden können.

1) vgl. EXPRESSEN vom 09-06-92
2) so z. B. die Selbsthilfegruppe mit dem Namen „EXODUS“
3) vgl. z. B. das Präventionsprogramm bei VOLVO, SSR-tidningen-Socionomen, 15, 1985

4. Mobbing im deutschsprachigen Raum

Als ich mich vor rund zwei Jahren für das Thema Mobbing zu interessieren begann, war der Begriff sowie das Phänomen in Österreich und in der BRD nur wenigen Personen bekannt. Zumeist hatten diese Leute an Veranstaltungen außerhalb dieser Länder teilgenommen und das Wissen „importiert". Tatsache war, daß mir derartige Behandlungen von Beschäftigten – wie sie bei Mobbing vorkommen – aus Erzählungen und eigenen Erlebnissen in Unternehmen bekannt waren. Niemand wußte aber darüber Bescheid, ob dies nur ein Problem weniger Personen war oder größere Teile der Bevölkerung betraf. Von wissenschaftlicher Seite – so ergab meine erste Recherche – hatte man sich bis dahin im gesamten deutschen Sprachraum (Österreich, BRD, Schweiz) nicht mit diesem Thema auseinandergesetzt. Lediglich einige wenige Journalisten hatten über die Ergebnisse der schwedischen Untersuchungen von HEINZ LEYMANN berichtet.

Die folgenden Punkte waren es vor allem, die zu Forschungsergebnissen in Österreich führten: Zum einen kann man die skandinavischen Ergebnisse nicht so einfach auf den deutschen Sprachraum übertragen. Es wäre eine sehr billige Lösung, wenn man den in Schweden gefundenen Prozentsatz von 3,5 % Betroffenen einfach transferieren könnte. Zieht man den Beschäftigtenstand der unselbständig Beschäftigten aus dem Jahre 1992 heran – dieser betrug 3.056.000 –, so ergäbe dieser eine Anzahl von rund 100.000 Gemobbten in Österreich[1)]. Ganz so einfach ist ein solcher Transfer nicht: Denn im Gegensatz zu Österreich findet man in schwedischen Unternehmen deutlich andere Bedingungen vor. Beispielsweise unterscheidet sich die Sozialgesetzgebung deutlich von der österreichischen Situation ebenso wie die psychosoziale Versorgung im Betrieb, die hierzulande bis auf wenige Ausnahmen völlig fehlt. Dies sind alles Punkte, die eine Verzerrung des Ergebnisses möglich machen. Gerade der letzte Punkt verdeutlicht dies: Wie bereits erwähnt, verfügen einige der schwedischen Unternehmen über betriebsinterne psychosoziale Berater („Personalkonsulenten"), die mit deutschen/österreichischen Personalberatern nur den Namen gemeinsam haben. Ihre Aufgabe ist es, bei psychosozialen Problemen (z.B. Krankenstände, Rückkehr nach Karenzierung, Alkoholismus) die beteiligten Führungskräfte und Mitarbeiter zu betreuen und zu beraten. Sie übernehmen diese Aufgabe auch im Falle von Beschwerden über das Verhalten von Vorgesetzten oder Kollegen bzw. bei Konflikten. Sie greifen daher bereits vorzeitig ein, bevor oft noch jemand zum Verlierer in derartigen Situationen wird. Man kann daher annehmen, daß durch diese Funktion das Mobbingpotential verringert wird.

---

1) vgl. Bundesministerium für Arbeit und Soziales 1993, S. 49

Andererseits bekam ich in Gesprächen mit einigen österreichischen Personalchefs und Betriebsräten immer wieder die stereotype Antwort: *,,Mobbing gibt es bei uns nicht, vielleicht ein paar Konflikte. Aber: Schikane am Arbeitsplatz?"* Vielleicht hatten diese Personen recht. Es konnte ja sein, daß die Skandinavier einen anderen Umgangston hatten als die Österreicher, daß sie ihre Leute schlechter behandelten als hierzulande. Dieses Gewirr aus Tatsachen und Vermutungen weckte mein Forschungsinteresse, und ich wollte dem nachgehen, ob Mobbing tatsächlich ein so geringes Problem im deutschsprachigen Raum ist, wie behauptet wurde.

Es traten mit der Zeit einige Belege dafür auf, daß diese systematischen Feindseligkeiten am Arbeitsplatz auch hierzulande ein ähnliches, wenn nicht sogar ein größeres Ausmaß erreichen: Zum einen findet man bei einem genaueren Durchsehen der Tageszeitungen immer wieder Berichte über dramatische Vorgänge in Unternehmen. In diesen wird über schikanöse Behandlungen von Beschäftigten berichtet, die nicht selten mit Mord und Selbstmord der Beteiligten enden. So berichtete z.B. die Schweizer Presse ausführlich über den Fall ,,Tschanun" *(Weltwoche: ,,Tschanun, der Tell der Schweizer Büroangestellten"),* einen Beamten, der vier seiner Mitarbeiter erschoß, weil diese ihn systematisch feindselig behandelt hatten[1]. Oder z.B. der Mord an einem Amtsvorsteher und der anschließende Selbstmord eines Postbeamten im Postamt Südbahnhof, bei dem man als Ursache Schikane vermutet *(,,Hinter vorgehaltener Hand verlautet aus Kollegenkreisen, daß der Amtsvorsteher seine Untergebenen ständig schikanierte")*[2]. Diese Belege können aber lediglich als Spitze eines Eisbergs betrachtet werden, da nur ein geringer Teil der Mobbingfälle derartige Ausmaße annimmt.

Daneben festigten auch Umfrageergebnisse die Überzeugung, daß die Mobbingproblematik einen besonderen Stellenwert im deutschen Sprachraum einnimmt. So wurden etwa in einer Befragung zum Thema ,,Schlechte Behandlung am Arbeitsplatz" Beschäftigte aus der BRD, den USA und Schweden in ihren Aussagen verglichen. Die Fragen, die dabei gestellt wurden, sind jenen sehr ähnlich, die sich auch im LIPT – Fragebogen zur Feststellung der Mobbingproblematik finden. Die folgende Übersicht zeigt einige ausgewählte Ergebnisse dieser Vergleichsstudie:[3]

---

1) vgl. MORGENTHALER
2) vgl. DIE PRESSE 28-10-88; KRONEN ZEITUNG 28-10-88
3) vgl. NOELLE-NEUMANN/STRÜMPEL 1984, S. 81

	BRD	Schweden	USA
Ich wurde in Gegenwart anderer Personen kritisiert	27 %	8 %	17 %
Ich wurde gegen meinen Willen an eine andere Position an meinem Arbeitsplatz versetzt	13 %	7 %	14 %
Meine eigene Arbeit wurde schlecht gemacht	12 %	6 %	16 %
Meine eigenen Aufgaben wurden plötzlich verschlechtert	12 %	4 %	10 %

Bei der Aussage „Ich wurde in Gegenwart anderer Personen kritisiert" geben in der BRD 27 % der Befragten an, daß dies auf sie zutrifft, 17 % der befragten amerikanischen und 8 % der schwedischen Beschäftigten stimmen ebenfalls zu. Vergleicht man die Prozentsätze der Zustimmungen, so führen Beschäftigte aus der BRD einen dreimal so hohen Wert an als Personen aus Schweden. Dieses Muster ist auch bei den übrigen Aussagen erkennbar: Deutsche Arbeitnehmer geben im Vergleich zu schwedischen Arbeitnehmern immer mindestens doppelt so hohe Werte an. Eine solches Ergebnis kann als Indiz für eine hohe Mobbingproblematik im deutschsprachigen Raum gewertet werden.

Forschungsmethode

Im folgenden soll kurz beschrieben werden, warum es bei den durchgeführten österreichischen Erhebungen überhaupt möglich war, Antworten auf sehr sensible Fragen wie z.B. sexuelle Belästigung, Gewalt usw. zu erhalten. Zu diesem Zweck wird die verwendete Methode kurz erläutert.

Wenn man Leute fragt, wie oft sie in der Woche ihre Unterwäsche wechseln, wird mit ziemlicher Sicherheit ein anderes Ergebnis auftreten als wenn man die selben Personen fragt: Wie oft glauben Sie, daß Ihr Nachbar in der Woche die Unterwäsche wechselt? Der Grund dafür liegt darin, daß es Fragen gibt, die uns unangenehm sind, weil sie unsere Intimsphäre berühren oder weil wir durch die Antwort etwas von uns offenlegen müssen, das uns unangenehm ist. Plötzlich sollen wir einer fremden Person – dem Interviewer – Dinge anvertrauen, über die wir oft nicht einmal mit Freunden sprechen können. Man gibt dann öfters eine „geschönte" Antwort (*„ich wechsle meine Unterwäsche zweimal pro Tag"*), um diese unangenehme Situation zu überwinden. Tatsache ist, daß bei sehr heiklen Themen (z.B. Sexualität, Einkommen) diese verzerrten Antworten von vielen Menschen gegeben werden, sodaß im Endeffekt die Resultate nicht mehr stimmen. Wenn wir aber das Verhalten unseres Nachbars beschreiben, dann kommt darin eher unser eigenes „Unterwäschewechselverhalten" zum Ausdruck; die Ergebnisse sind zuverlässiger. Es kommt bei einer wissenschaftlichen Untersuchung daher sehr darauf an, welche Methode – also welche Art der Untersuchung – man wählt.

Nur selten liegen uns Dokumente wie das Tagebuch von Ingrid vor, in dem ein jahrelanger Ausgrenzungsprozeß beschrieben wird. Man könnte auch Personen über ihre Situation erzählen lassen, was voraussetzt, daß man an diese Personen herankommt und daß man tagelange Gespräche mit nur einer Person führen kann. Solche qualitativen Methoden[1)] haben den Vorteil, daß man sehr viel über den Verlauf von Mobbing erfährt und daraus begründete Annahmen (= Hypothesen) ableiten kann, aus reinen Zeitgründen können aber nur wenige Betroffene interviewt werden. Wenn daher der Anteil der Gemobbten an der Gesamtzahl der Beschäftgten in einem Unternehmen mit mehreren hundert oder tausend Personen oder in der gesamten erwerbstätigen Bevölkerung ermittelt werden soll, dann kann dies nur mittels einer Befragung (Fragebogen/Interview) erfolgen.

Vor allem ist Mobbing ein sehr heikles Thema. Die betroffenen Personen haben oft jahrelange Demütigungen und Schikanen im Unternehmen hinnehmen müssen, ohne daß ihnen geholfen wurde. Aus diesem Grund sind diese Personen zunehmend mißtrauisch gegenüber jedermann geworden. Eine über längere Zeit gemobbte Frau hat dies einmal so ausgedrückt:

> *„Ich habe mir eines Tages meine Schuhe bei einem Schuster richten lassen, der Absatz war abgebrochen. Die Reparatur dauerte nur wenige Minuten. Als ich bezahlen wollte, erklärte mir der Schuster: Es ist schon in Ordnung, war ja nur eine Kleinigkeit. Der Mann hat kein Geld von mir genommen. Ich bin auf die Straße und habe geweint, weil ich bis dahin nicht mehr geglaubt habe, daß es noch Menschen gibt, die zu mir halten."*

Vor diesem Hintergrund werden die Ängste der betroffenen Personen verständlich, daß Informationen der Befragung an die Unternehmensleitung, die Personalabteilung oder einfach an andere Personen durchsickern. Es muß daher die Art der Befragung so gewählt werden, daß der Datenschutz hundertprozentig gewährleistet wird. Aus diesem Grund konnte in Österreich nur eine anonyme Befragung durchgeführt werden. Anonym heißt: Die Fragebögen werden an alle Personen eines Unternehmens oder einer Organisation verteilt, von diesen ausgefüllt und in eine Sammelbox geworfen oder in einem Kuvert an den Befragungsleiter zurückgeschickt. Da der Fragebogen keinen Namen enthält, weiß niemand, wer ihn ausgefüllt hat. Damit ist der Schutz der Personen gewährleistet.

Man hätte nun einen eigenen Katalog an Mobbingfragen aufstellen und verwenden können. Damit wäre aber die Chance vergeben worden, die österreichischen mit den schwedischen Ergebnissen direkt vergleichen zu können. Aus diesem Grund wurden die im schwedischen LIPT – Fragebogen enthaltenen Mobbinghandlungen ins Deutsche übertragen und eine überarbeitete deutsche Version des Fragebogens erstellt, bei dem der

1) vgl. zum Bereich der qualitativen Methoden: LAMNEK 1989

Befragte bei jeder Mobbinghandlung angibt, wie oft und wie lange er dieser Handlung ausgesetzt war.[1)]

Ergebnisse

Aufgrund der bisherigen Details wird jeder verstehen, warum es sehr schwer ist, ein Unternehmen oder eine Organisation zu finden, die eine Befragung ihrer Mitarbeiter zuläßt. Nach längeren Verhandlungen erklärten sich schließlich zwei Organisationen zu einer derartigen Befragung bereit. Es handelt sich dabei um ein österreichisches Privatunternehmen mit rund 250 Beschäftigten und um eine Organisation aus der öffentlichen Verwaltung mit rund 1300 Personen. Bei beiden Organisationen sendete rund ein Drittel der Beschäftigten die Fragebögen zurück, was bei einem derartig sensiblen Thema ein zufriedenstellendes Resultat ist.

Die wesentlichste Frage in diesem Zusammenhang lautete: Wie verbreitet ist Mobbing in diesen Organisationen? Bei der Beantwortung dieser Frage muß eines beachtet werden: In den beiden Untersuchungen hat jeweils nur ein Drittel der Beschäftigten einen Fragebogen ausgefüllt. Von diesem Drittel ist ein bestimmter Anteil von Personen gemobbt. Man kann aber keine Aussage über die verbleibenden zwei Drittel treffen. Finden sich unter diesen Beschäftigten zusätzlich Gemobbte, die einen guten Grund hatten, nicht zu antworten (z.B. weil sie der Befragung mißtrauten)? Erfahrungen mit derartigen Untersuchungen zeigen, daß in der Tendenz jene häufiger antworten, die gemobbt sind. Die folgende Abbildung zeigt nun das Ausmaß der Betroffenheit in diesen Unternehmen:

Abbildung: Mobbingbetroffenheit in Schweden und in zwei österreichischen Organisationen. Prozentangaben

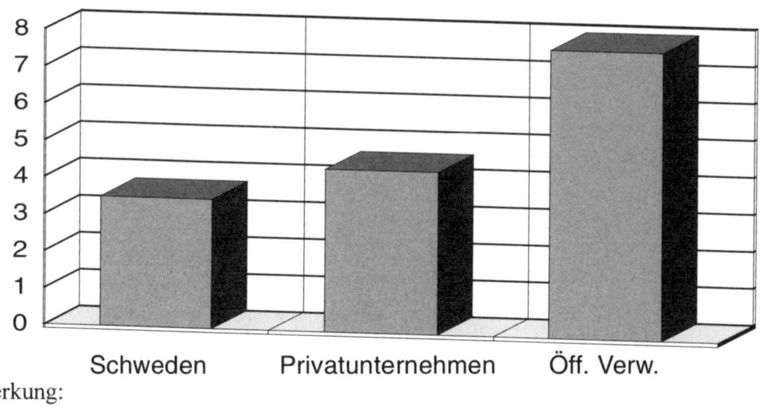

Anmerkung:
Schweden = schwedische Repräsentativstudie (2438 Befragte)
Privatunt. = österreichisches Privatunternehmen (251 Befragte)
Öff. Verw. = österreichisches Unternehmen der öffentlichen Verwaltung (1264 Befragte)

1) vgl. NIEDL/LEYMANN 1992

Die Abbildung zeigt den Anteil der Betroffenen in den beiden österreichischen Organisationen im Vergleich zu der in der schwedischen Bevölkerung ermittelten Betroffenheit im Ausmaß von 3,5 %. Im Fall des Privatunternehmens sind mindestens 4,4 %, im Fall der öffentlichen Verwaltung mindestens 7,8 % der dort Beschäftigten von Mobbing betroffen. Diese Mindestwerte wurden unter der Annahme berechnet, daß jene Personen, die nicht anworten, *überhaupt nicht* von Mobbing betroffen sind. Realistischerweise muß man aber davon ausgehen, daß aus den erwähnten Gründen der wahre Prozentsatz höher anzusetzen ist.

Was bedeuten nun diese Ergebnisse? Es wurde durch diese Erhebungen zum ersten Mal der Nachweis für Österreich/den deutschen Sprachraum erbracht, daß Mobbing auch hier zu finden ist. In beiden Fällen ist der Mindestwert der Mobbingbetroffenheit deutlich höher als in der schwedischen Befragung. Kann nun davon ausgegangen werden, daß Mobbing in Österreich doppelt so hoch ist wie in Schweden? Die klare Antwort lautet: Nein. Erstens handelt es sich bei diesen Erhebungen um keine repräsentativen Studien für Österreich. Man müßte zu diesem Zweck – ebenso wie in Schweden – ein verkleinertes Abbild der erwerbstätigen Bevölkerung befragen. Zweitens können die untersuchten Organisationen gerade jene sein, in denen Mobbing besonders stark oder besonders schwach auftritt, d.h. der Vergleichsmaßstab fehlt. Was aus diesen und den übrigen Ergebnissen aber abgeleitet werden kann, ist die Tatsache, daß österreichische Beschäftigte tendenziell stärker von Mobbing betroffen sind als schwedische Beschäftigte.

Die Befragungen wurden bewußt einmal in der Privatindustrie und einmal in der öffentlichen Verwaltung durchgeführt, um den Nachweis für beide Sektoren zu erbringen. Das ermittelte Ergebnis, daß in der öffentlichen Verwaltung die Mobbingbetroffenheit einen fast doppelt so hohen Wert annimmt als in dem untersuchten Privatunternehmen, darf aber nicht fehlinterpretiert werden. Vor allem bedeutet es nicht, daß in der öffentlichen Verwaltung doppelt so viel gemobbt wird als in privaten Unternehmen. Es gibt nämlich nicht *das* Privatunternehmen, ebenso wenig gibt es *die* öffentliche Verwaltung. Vielmehr wird es auf unterschiedliche Betriebe und sogar auf unterschiedliche Abteilungen in diesen Betrieben ankommen, wie häufig Mobbing dort zu finden sein wird.

5. Mobbing in einem Unternehmen der öffentlichen Verwaltung

Wie sieht Mobbing in einer österreichischen Organisation konkret aus? Um diese Frage zu beantworten, werden im folgenden einige wesentliche Ergebnisse der umfangreicheren der beiden österreichischen Studien vorgestellt. Es handelt sich dabei um eine Organisation in der öffentlichen Verwaltung mit rund 1300 Beschäftigten.

Wie bereits erwähnt, sind in dieser Organisation mindestens 7,8 % der Beschäftigten von Mobbing betroffen. Dies bedeutet für diese Organisation, daß 98 Personen mindestens einmal in der Woche und mindestens ein halbes Jahr lang einer oder mehrerer der erwähnten Mobbinghandlungen ausgesetzt waren bzw. noch immer sind. In diesen Prozentzahlen sind bereits jene Personen nicht mehr enthalten, die versuchten, die Befragung bewußt zu manipulieren. Das sind z.B. Fälle, in denen jemand angibt, daß er/sie täglich und über eine längere Zeit als 5 Jahre hindurch unter 45 Handlungen gelitten hat. Solche Fälle können einfach nicht auftreten.

Was bedeutet ein solches Ergebnis für die untersuchte Organisation? In dieser speziellen Organisation wird ein Großteil der Arbeit in Teamarbeit erledigt. Angenommen, die Beschäftigten sind alle in solchen Teams integriert und ein Team zählt acht Personen, so ist unter einer realistischen Annahme (ca. 12 % Betroffenheit) in jeder dieser Gruppen ein gemobbter Mann oder eine gemobbte Frau zu finden. Man kann keine Aussage darüber machen, ob das viel ist oder wenig, weil es für soziale Prozesse keinen Gradmesser gibt wie dies z.B. bei Fieber der Fall ist. Man kann daraus nur schließen, daß in dem Unternehmen ein großes Potential an Störung und Kommunikationsschwierigkeiten vorhanden ist, welche die alltägliche Arbeit nicht leichter machen.

Nimmt man eine derartige Untersuchung ernst, so sind die Verantwortlichen zumeist daran interessiert, Ansatzpunkte für Verbesserungen zu finden. Zu diesem Zweck muß man mehr über die Betroffenen wissen. Man stellt sich daher die Frage, wer vor allem vom Phänomen Mobbing betroffen ist. Um eine Antwort darauf zu finden, wurde überprüft, ob Zusammenhänge zwischen dem Geschlecht, dem Alter und der hierarchischen Stellung der gemobbten Personen bestehen.

Betrachtet man die gemobbten Personen, so ergibt sich – wie auch in den beiden skandinavischen Untersuchungen – kein Unterschied zwischen Männern und Frauen. Mobbing scheint damit tendenziell kein frauenspezifisches Thema zu sein.

In Bezug auf das Alter konnten in dieser Organisation jedoch Unterschiede festgestellt werden. In der folgenden Abbildung ist dieses Ergebnis dargestellt:

Abbildung: Gemobbte/Nichtgemobbte nach Altersgruppen. Prozentangaben

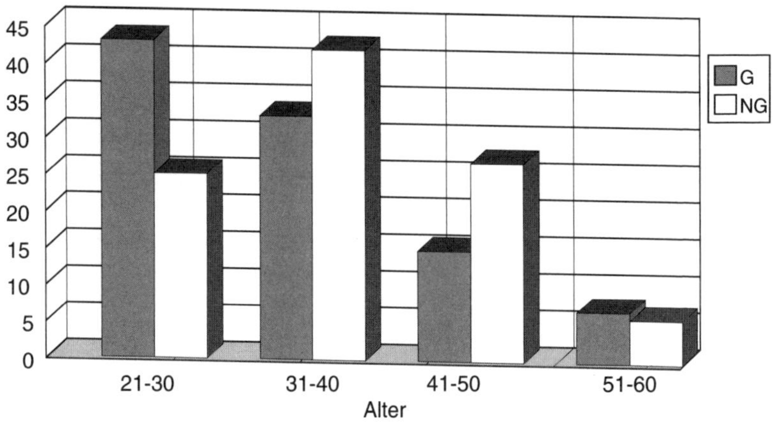

In der Abbildung sind bei den vier Altersgruppen jeweils die prozentuellen Anteile der beiden Gruppen der gemobbten und der nichtgemobbten Personen dargestellt. Würde kein Zusammenhang zwischen Mobbing und dem Alter bestehen, so müßte in allen vier Altersgruppen der Anteil der Nichtgemobbten dem Anteil der Gemobbten entsprechen. Man sieht aber deutlich, daß dies in der Gruppe der 21 bis 30jährigen nicht zutrifft; der Anteil der Gemobbten ist statistisch signifikant höher. Am wenigsten betroffen sind hingegen Personen zwischen 41 und 50 Jahren. Mit anderen Worten: In der untersuchten Organisation sind hauptsächlich die jüngeren Beschäftigten von den Feindseligkeiten ihrer sozialen Umgebung betroffen. Es ist dies übrigens eine Erfahrung, die auch die Therapeuten und Ärzte in der einzigen Mobbingklinik in der BRD machten: Ein großer Anteil der Patienten war relativ jung. Für das untersuchte Unternehmen kann dieses Ergebnis aber bedeuten, daß ihr Zukunftspotential – das junge Personal – bereits in frühen Jahren frustriert und desillusioniert wird.

Zuletzt kann die Frage beantwortet werden, ob es einen Unterschied macht, wenn man Führungskraft ist oder nicht. Von den 98 betroffenen Personen waren 14,3 % Vorgesetzte, die verbleibenden 77,6 % waren in keinen Führungspositionen tätig. Diese Verteilung entspricht den erwarteten Werten und ist statistisch nicht signifikant. Man kann daher den Schluß ziehen, daß eine höhere hierarchische Stellung in diesem Betrieb keinen Einfluß darauf hatte, ob man gemobbt wurde oder nicht.

Abschließend soll noch gezeigt werden, welche konkreten Handlungen Mobbing in dieser Organisation ausgemacht haben. Zu diesem Zweck wurden den Befragten 45 Mobbinghandlungen vorgegeben, die sich in verschiedene Bereiche einteilen lassen. Diese sind im folgenden kurz beschrieben:

(1) Einschränkung der Kommunikation

Miteinander reden können ist wahrscheinlich die wesentlichste Voraussetzung für den Erfolg eines Unternehmens. Alle wichtigen Prozesse in Betrieben – wie z.B. Planung, Entscheidung, Delegation, Koordination usw. – sind daran gebunden, daß sich die Personen untereinander austauschen können, d.h. in der Lage sind, miteinander zu kommunizieren. Kommunikation wird damit zum Flaschenhals einer Organisation.[1] Aufgrund der Bedeutung der Kommunikation kann diese sehr einfach dazu mißbraucht werden, Personen zu entwerten oder zu verletzen. Konkret können der Vorgesetzte oder andere Personen die Möglichkeit des Betroffenen einschränken, sich zu äußern oder der Betroffene wird ständig unterbrochen. Auch auf der nonverbalen Ebene kann dieses Mobbing stattfinden: So werden Andeutungen gemacht, ohne daß etwas direkt ausgesprochen wird oder der Betroffene wird mit abwertenden Blicken oder Gesten bedacht (*„Wenn Blicke töten könnten . . .“*).

(2) Isolation

Man arbeitet nicht nur deswegen, um Geld zu verdienen, sondern auch um eine Reihe anderer Bedürfnisse zu befriedigen. Eines dieser wesentlichen Bedürfnisse ist die Zugehörigkeit zu einer Gruppe, einer Gemeinschaft am Arbeitsplatz.[2] Man kann daher Mitarbeiter dadurch verletzen, indem man sie aus der Betriebsgemeinschaft ausschließt. Dies geschieht dadurch, daß man sie z.B. wie Luft behandelt oder nicht mit ihnen spricht.

(3) Manipulation der Arbeitsaufgabe

Menschen sind keine Maschinen, die ständig gleichbleibende Aufgaben erfüllen. Sie wollen vielmehr mit der Arbeit wachsen, sich entwickeln und bei der Ausführung ihrer Arbeiten einen bestimmten Freiraum haben, innerhalb dessen sie selbst entscheiden können.[3] Man kann daher bewußt dieses menschliche Bedürfnis stören, indem man der Arbeit ihren Sinn nimmt. Konkret kann dies z.B. bedeuten, daß Personen überhaupt keine Arbeit zugewiesen bekommen, obwohl sie in der Arbeit sind. Man kann Beschäftigten aber auch eine Arbeit zuweisen, die weit unter ihrer eigentlichen Qualifikation liegt und sie dadurch entwerten.

(4) Herabsetzung des persönlichen Ansehens

Das Bild, das andere Personen von uns selbst haben, ist eine der wesentlichen Quellen des eigenen Selbstwertgefühls. Aus diesem Grund kann es besonders schwer wiegen, wenn systematisch versucht wird, unser Ansehen bei den anderen zu „zerstören“, indem man lächerlich gemacht wird,

---

1) vgl. NEUBERGER 1988, S. 8

2) vgl. z. B. Motivationstheorien bei STAEHLE 1987

3) vgl. z. B. das „Job Characteristics Model“ von HACKMAN/OLDHAM 1980

indem falsche Gerüchte im Unternehmen verbreitet werden, indem kleine körperliche Auffälligkeiten (z.B. Glatze, rote Haare, Kleidung) dazu benutzt werden, um jemanden systematisch zu „hänseln“.

(5) Gewalt und Gewaltandrohung
Diese letzte Gruppe bezieht sich auf Handlungen, die im zwischenmenschlichen Umgang besonders schwer wiegen. Dazu gehören z.B. mündliche Drohungen (“Du bekommst schon noch Deine Abreibung“) oder Denkzettel (z.B. Einfüllen von Schmierfett in die Taschen der Arbeitskleidung, Ablassen der Luft aus den Autoreifen des Privat – PKW). In einigen Fällen treten tätliche Angriffe (bewußtes Anrempeln, Stoßen, Schlagen) auf. Zu dieser Kategorie von Handlungen zählen beispielsweise auch sexuelle Übergriffe am Arbeitsplatz (z.B. Berühren der Brust, unter dem Tisch mit dem Fuß das Bein der Kollegin entlang fahren), die sich systematisch gegen eine Person richten.

Aus welcher dieser Gruppen stammen nun die Handlungen, welche die Befragten in der untersuchten Unternehmung angeben? An erster Stelle standen die Handlungen, die darauf abzielten, die Kommunikation zu beschränken; es folgte die Beeinträchtigung des Ansehens und die Manipulation der Arbeitsaufgabe. Am Schluß standen jene Handlungen, die dazu geeignet waren, die Beschäftigten zu isolieren bzw. die Gewalthandlungen. Man sieht, daß diese feindseligen Handlungen zum Großteil aus Bereichen stammen, von denen wir sagen würden, daß sie nur schwer „greifbar“ sind. Wir können darüber also nur schwer Urteile abgeben, wie sehr diese Feindseligkeiten die Betroffenen verletzen/kränken.

Dazu ein Beispiel: Jemand, der sich mit seinem Kollegen nicht gut versteht, weil er ihn als Konkurrenten empfindet, verbreitet im Unternehmen das Gerücht, Herr Sowieso sei homosexuell. In Wirklichkeit stimmt diese Behauptung nicht. Wenn er – und in weiterer Folge auch andere – dafür immer wieder falsche Beweise anführen (*„Schauen Sie doch nur seine Kleidung an“*, *„Typisch schwuler Gang“* usw.), dann werden die übrigen Beschäftigten Herrn Sowieso nach einiger Zeit durch eine andere Brille sehen (*„Jetzt wo Sie es sagen – Das wäre mir früher nicht aufgefallen“*), ohne daß sie jemals diese Behauptung über Herrn Sowieso überprüft hätten. Mit einiger Sicherheit hat es diese Person nicht mehr allzu leicht im Unternehmen. Sie wird von den anderen ausgegrenzt werden (*„Vielleicht hat er ja sogar schon Aids“*), und man wird zu jedem Anlaß eine dumme Bemerkung fallen lassen. Obwohl dieses Mobbing nur durch Worte, Andeutungen und Bemerkungen bewerkstelligt wird, hat es dennoch konkrete Auswirkungen. Es kränkt den betroffenen Kollegen, der sich bei einer günstigen Gelegenheit aus dem Unternehmen vielleicht sogar absetzen wird und es stört ganz allgemein den Arbeitsablauf.

Die gemobbten Frauen und Männer kreuzten in der untersuchten Organisation im Durchschnitt 15 Handlungen an, von denen sie betroffen waren. Mit anderen Worten heißt das, wenn jemand gemobbt ist, dann ist er nicht von einer Handlung alleine betroffen, sondern von einer Kombination aus Handlungen.

Die Forschungsergebnisse aus den skandinavischen Ländern und dem deutschsprachigen Raum belegen, daß die feindselige Behandlung von Menschen am Arbeitsplatz kein Einzelproblem ist. Vielmehr dürfte eine – für wissenschaftliche Begriffe – Vielzahl von Beschäftigten unter dem Phänomen Mobbing leiden. Um genauere Kenntnisse über den Verbreitungsgrad in der deutschsprachigen Bevölkerung sowie über Ursachen und Zusammenhänge zu erfahren, müssen aber weitere Anstrengungen unternommen werden.

Alle Forschungsergebnisse helfen uns aber nichts, wenn man nicht an einer praktischen Umsetzung der daraus gewonnenen Erkenntnisse interessiert ist. Erkenntnis und Umsetzung müssen daher Hand in Hand gehen. Aus diesem Grund soll im letzten Abschnitt die Frage beantwortet werden, wie bei Mobbing geholfen werden kann.

6. Was kann man gegen Mobbing am Arbeitsplatz tun?

Rechtliche Möglichkeiten

Viele der von Mobbing betroffenen Menschen fragen sich, warum es kein Gesetz gegen diese Art der Behandlung am Arbeitsplatz gibt. Eine Vielzahl von Bereichen des Arbeitslebens ist zum Teil bis ins letzte Detail geregelt, aber für ein derartiges Problemfeld – wie es Mobbing ist – existiert kein Gesetz. Die Perspektive der Betroffenen ist verständlich: Zum Teil haben sie über lange Zeit – Monate bis Jahre – eine Situation ertragen müssen, die man aus menschlicher Sicht als zutiefst ungerecht bezeichnen muß. Ihnen müssen tatsächlich Zweifel an unserem Rechtssystem kommen, wenn es heutzutage noch gestattet ist, einen Menschen auf eine Art und Weise zu behandeln, die bei ihm zu körperlichen und/oder seelischen Schädigungen führen kann, ohne daß die dafür Verantwortlichen zur Rechenschaft gezogen werden (können). Im folgenden sollen daher jene gesetzlichen Regelungen skizziert werden, die im Falle von Mobbing eine Rolle spielen könnten. Gleichzeitig werden aber die Grenzen des juristisch Machbaren aufgezeigt.

Grundsätzlich könnte ein eigenes Gesetz, das Mobbing am Arbeitsplatz verbietet, beschlossen werden. Gegen die Sinnhaftigkeit einer derartigen Regelung sind aber verschiedene Punkte einzuwenden: Zum einen zeigt die Erfahrung, daß Gesetze oft nicht die Ursachen, sondern nur die Folgen von Prozessen abwehren können. So ist z.B. in vielen Betrieben der Alkoholkonsum während der Arbeitszeit verboten. Die wiederholte Trunkenheit am Arbeitsplatz setzt sogar einen Entlassungstatbestand.[1] Dennoch hat die Regelung des Alkoholproblems durch ein einfaches Verbot nicht dazu geführt, daß die Alkoholproblematik in den Betrieben verschwunden ist, weil unter anderem die Ursachen dafür (z.B. Arbeitsbelastung, Familienproblematik) nicht analysiert wurden.[2] Eine andere Problematik zeigt sich darin, daß die Arbeitsverhältnisse durch eine Vielzahl von Gesetzen geregelt werden. Es gibt z.B. ein eigenes Recht für Angestellte, ein eigenes Dienstrecht für Beamte und Vertragsbedienstete usw. Würde man sich tatsächlich zu einem „Anti-Mobbing"-Paragraphen entschließen, so müßte daher eine Vielzahl von Gesetzen geändert werden, was Jahre dauern würde. Letzlich wird es in vielen Fällen sehr schwer sein, Beweise dafür zu bringen, daß Mobbing am Arbeitsplatz tatsächlich stattgefunden hat. Insbesonders dann, wenn die Angreifer wissen, daß bei fehlenden Bewei-

---

1) vgl. SCHWARZ/LÖSCHNIGG 1989, S. 451
2) Der Anteil der erwerbstätigen Alkoholabhängigen bewegt sich bei ca. 5 % (vgl. BILITZA 1985)

sen eine juristische Auseinandersetzung beinahe unmöglich ist, werden sie das Zustandekommen von Beweisen verhindern.

Aus den genannten Gründen wäre es sinnvoller, eine allgemeine Regelung zu treffen, die physische und/oder psychische Beeinträchtigungen durch die Arbeitsbedingungen einschränkt. Ein derartiges Gesetz bietet den Vorteil, daß es eine weite Auslegung zuläßt; dadurch können viele arbeitsplatzbezogene Sachverhalte erfaßt werden. Es würde somit auch für Mobbingtatbestände gelten und eine rechtliche Grundlage für Schadenersatzforderungen bzw. Sanktionen bilden. Eine derartige Regelung findet sich beispielsweise in der schwedischen Gesetzgebung: Danach hat der Arbeitgeber dafür zu sorgen, daß die Arbeitsverhältnisse so gestaltet werden, daß die dort arbeitenden Personen keinen physischen oder psychischen Schaden erleiden.[1)] Mobbingtatbestände könnten auch durch eine breitere Auslegung bereits bestehender gesetzlicher Regelungen erfaßt werden. Ein Beispiel dafür ist die amerikanische Rechtssprechung, bei der sexuelle Belästigung auch durch Mobbinghandlungen nachgewiesen werden kann.[2)] Gleichwertige Regelungen gibt es in Österreich zur Zeit nicht. Es bestehen dennoch einige Ansatzpunkte, die im Falle des Auftretens von Mobbing angewendet werden können. Im folgenden sind einige Beispiele angeführt:[3)]

Grundsätzlich trägt der Arbeitgeber gegenüber dem Arbeitnehmer die sogenannte *Fürsorgepflicht.*[4)] Darunter ist die Pflicht des Arbeitgebers zu verstehen, die Dienstleistungen so zu regeln, daß Leben und Gesundheit der Dienstnehmer geschützt werden. Dem Beschäftigten dürfen durch die Eingliederung in das Unternehmen bzw. durch die Tätigkeit selbst keine Schäden an schutzwerten Rechtsgütern – das sind insbesonders Leben, Gesundheit, Persönlichkeit, Ehre, Vermögen – zugefügt werden.[5)] Eine spezifische Ausprägung dieser Fürsorgepflicht ist vor allem im Hinblick auf Mobbing in der *Gleichbehandlungspflicht* des Arbeitgebers zu sehen: Danach ist es sittenwidrig, wenn einzelne Beschäftigte vom Arbeitgeber bei gleichen Gegebenheiten willkürlich schlechter behandelt werden als die Mehrheit der übrigen unter den gleichen Voraussetzungen.[6)] Willkürlich bedeutet in diesem Zusammenhang, daß eine Handlung ohne einleuchtende sachliche Rechtfertigung gesetzt wurde.[7)] Verletzt der Arbeitgeber diese Pflicht, so können Schadenersatzansprüche gestellt werden; der Beschäftigte kann im Falle der Gefährdung des Lebens, der Gesundheit oder der Sittlichkeit bis zur Beendigung dieser Gefährdung auch die Arbeitsleistung

---

1) vgl. § 2 Abs. 2 Arbetsmiljölagen
2) vgl. FINANCIAL TIMES vom 10-11-93 „Court rules on harassment“
3) vgl. für die Rechtslage der BRD STROP 1993
4) vgl. § 1157 ABGB, § 18 AngG
5) vgl. BERGER 1988, S. 49
6) vgl. BERGER 1988, S. 50
7) vgl. FLORETTA/SPIELBÜCHLER 1988, S. 240

verweigern.[1] Problematisch ist, daß der Betroffene den Beweis für die Verletzung dieser Fürsorgepflicht erbringen muß, was in den meisten Fällen Schwierigkeiten bereiten wird.

Diese Gleichbehandlung bezieht sich auch auf die Geschlechter; was im *Gleichbehandlungsgesetz* geregelt wird. Dort heißt es ganz allgemein, daß niemand aufgrund seines Geschlechtes im Zusammenhang mit einem Arbeitsverhältnis unmittelbar oder mittelbar diskriminiert werden darf, wobei jede benachteiligende Differenzierung, die ohne sachliche Rechtfertigung vorgenommen wurde, als Diskriminierung gilt.[2] Insbesondere für den Fall der *sexuellen Belästigung* als Mobbinghandlung wird diese Vorschrift anwendbar. Diese erst seit kurzem in Kraft befindliche Regelung besagt, daß eine Diskriminierung aufgrund des Geschlechtes auch dann vorliegt, wenn der Arbeitnehmer im Zusammenhang mit seinem Arbeitsverhältnis sexuell belästigt wird. Diese Regelung gilt also für beide Geschlechter. Nach dem Gesetz liegt „sexuelle Belästigung" dann vor, wenn ein der sexuellen Sphäre zugehöriges Verhalten gesetzt wird, das die Würde einer Person beeinträchtigt, für die betroffene Person unerwünscht, unangebracht oder anstößig ist. Weiters muß dieses Verhalten für die betroffene Person eine einschüchternde, feindselige oder demütigende Arbeitswelt schaffen oder die Grundlage für eine Entscheidung mit nachteiligen Auswirkungen (z.B. Berufsausbildung) für den betroffenen Arbeitnehmer bilden.[3] Dabei kann der betroffene Mann oder die betroffene Frau vom Arbeitgeber selbst oder durch Dritte (z.B. Kollegen) sexuell belästigt werden; im zweiten Fall muß es der Arbeitgeber schuldhaft unterlassen, eine angemessene Abhilfe gegen diese Belästigung zu schaffen.[4] Sind die Voraussetzungen erfüllt, dann kann die oder der Diskriminierte gegenüber dem Belästiger bzw. auch gegenüber dem Arbeitgeber Anspruch auf Schadenersatz geltend machen.[5]

Eine häufig anzutreffende Mobbinghandlung ist die Strategie, die Arbeitsaufgabe des Betroffenen so zu verändern, daß sie für ihn als Strafe wirkt. In diesem Zusammenhang könnten folgende Regelungen zur Anwendung kommen: Zum einen drückt die bereits erwähnte Fürsorgepflicht aus, daß dem Beschäftigten keine schwerere Arbeit zugewiesen werden darf, als dies ohne Schädigung der Gesundheit möglich ist.[6] Andererseits sorgt auch der *Versetzungsschutz* dafür, daß einschneidende Veränderungen im Vergleich mit der bislang durchgeführten Tätigkeit und in der Stellung des Beschäftigten im Gefüge der Belegschaft nicht willkürlich erfolgen können.[7] Voraussetzung dafür ist, daß es sich um eine sogenannte

---

1) vgl. SCHWARZ/LÖSCHNIGG 1989, S. 297
2) vgl. § 2 Abs. 1 GBG
3) vgl. § 2 Abs. 1b GBG
4) vgl. § 2 Abs. 1a GBG
5) vgl. § 2a Abs. 7 GBG
6) vgl. SCHWARZ/LÖSCHNIGG 1989, S. 298
7) vgl. FLORETTA/SPIELBÜCHLER/STRASSER 1988, S. 132

vertragsändernde Versetzung handelt. Diese ist dann gegeben, wenn durch die Versetzung eine Änderung des ursprünglichen Arbeitsvertrages erfolgt. In diesem Fall kann der Beschäftigte seine Zustimmung verweigern. Voraussetzung dafür ist allerdings, daß die Entgelt- oder Arbeitsbedingungen durch die Versetzung verschlechtert werden.[1)]

Eine eingehende und kostenlose Rechtsberatung erhalten Betroffene bei den in allen Bundesländern eingerichteten Kammern für Arbeiter und Angestellte. Diese Beispiele sollen verdeutlichen, daß es in einigen Fällen Möglichkeiten gibt, mittels der bestehenden Rechtslage gegen Mobbing vorzugehen. Eine verstärkte Diskussion unter den Juristen wird zeigen, welche Ansatzpunkte in der österreichischen Rechtssprechung tatsächlich möglich sind. Dennoch wird eine Vielzahl von Mobbingsituationen aus juristischer Sicht überhaupt nicht lösbar sein, weil die entsprechenden Sachverhalte nicht geregelt sind. Bei der Bearbeitung von Mobbingfällen kommt erschwerend hinzu, daß einige Besonderheiten auftreten, die im folgenden angeführt sind:

- Zumeist handelt es sich bei den auftretenden Mobbinghandlungen um sehr subtile Formen, d.h. um Handlungen, über deren Inhalt und Wirksamkeit oft nur schwer „objektive" Urteile gefällt werden können. Man kann den Schallpegel von Maschinen oder Arbeitsplatzkonzentrationen von bestimmten Stoffen messen und deren Richtwerte für Gesundheitsschädigung definieren. Man kann aber als Außenstehender oft nur schwer sagen, wie sehr eine bestimmte Handlung eine Person verletzt. Wiegt es z.B. schwerer, wenn jemand von seinen Kollegen dauernd wie Luft behandelt wird oder wenn man ihn mit schiefen Blicken „schneidet"? Außerdem kommt es darauf an, in welchem Umfeld und unter welchen Personen sich diese Handlungen abspielen. So wird man auf Baustellen eine andere Sprachkultur vorfinden als in der Vorstandsetage eines Elektronikkonzerns. Während sich in der Wissenschaft zunehmend der Standpunkt durchsetzt, daß es so etwas wie Objektivität nicht gibt, zählen bei juristischen Entscheidungen hingegen nur objektive Tatsachen, d.h. Fakten, die durch Urkunden und/oder Zeugen belegt werden können. Diese belegbaren Fakten sind aber bei Mobbing nur in seltenen Fällen zu finden (z.B. schriftliche Anordnungen des Vorgesetzten, schriftliche Drohungen in Briefform, Tonbandaufnahmen).
- Durch die erlittenen Kränkungen ist Mobbing meist zum zentralen Lebensthema geworden, das nicht nur die Arbeitszeit, sondern auch die Freizeit und die Familiengespräche beherrscht. Die Personen können also in vielen Fällen nicht mehr „loslassen", das Thema kreist ständig in ihrem Kopf. Es ist daher ein schweres Unterfangen, die Personen darauf vorzubereiten, daß oft keine juristischen Möglichkeiten bestehen, den Fall für den Betroffenen positiv zu bereinigen. Oft mangelt es an

1) vgl. SCHWARZ/LÖSCHNIGG 1989, S. 224

„objektiven“ Beweisen, die für eine gerichtliche Entscheidung auch tatsächlich verwendbar wären, oder es existieren keine gesetzlichen Regelungen, die auf den Mobbingfall zutreffen.

– Die Mehrzahl der gemobbten Personen leidet an physischen/psychosomatischen oder psychischen Beeinträchtigungen. Damit sind je nach Schwere dieser Beeinträchtigungen die Lebensressourcen zum Teil erheblich angegriffen. Für den Juristen, der mit diesen Fällen konfrontiert ist, bedeutet diese Tatsache ein hohes Einfühlungsvermögen bei der Zusammenarbeit mit Betroffenen. Denn die Beweisaufnahme im Falle einer gerichtlichen Auseinandersetzung erfordert es, daß der gesamte Fall vorgebracht wird. Der/die Betroffene erlebt das Geschehene noch einmal. Es wird daher vor allem von der psychischen Konstitution abhängen, ob der Person diese Leistung zugemutet werden kann. Aus diesem Grund wird in vielen Fällen eine Kooperation des Juristen mit dem behandelnden Therapeuten notwendig und sinnvoll sein.

Aus den genannten Gründen steht der Jurist vor einer schweren Aufgabenstellung: Nicht die Frage steht im Vordergrund, ob die Lösung des Falles juristisch möglich wäre, sondern ob sie für den Betroffenen sinnvoll ist.[1)] Fällt das Urteil zu Ungunsten des Betroffenen aus, weil die Beweislage mangelhaft war, so kann dies zu einer Verschlimmerung der Situation für den einzelnen führen. Die Bearbeitung von Mobbingfällen ist daher etwas besonderes, auf die psychische Konstitution der Betroffenen ist verstärkt Rücksicht zu nehmen. In einer deutschen Klinik, die sich auf die Behandlung von Schäden durch Mobbing spezialisiert hat, wird diesem Aspekt Rechnung getragen: Während des Aufenthaltes in der Klinik erhalten die Patienten bereits juristischen Beistand, die medizinische/psychologische Therapie geht Hand in Hand mit der juristischen Beratung.

Das Ausschöpfen rechtlicher Möglichkeiten bedeutet oft das Ende eines Arbeitsverhältnisses. In vielen Fällen, in denen massives Mobbing stattgefunden hat, ist dies der einzige und sinnvollste Weg, da das Verhältnis zwischen den Beteiligten so zerrüttet ist, daß eine Lösung oft unmöglich erscheint. In den meisten Fällen kann aber bereits vorzeitig etwas getan werden. Darüber soll im letzten Abschnitt berichtet werden.

Präventive Maßnahmen

Eine der vielen Forschungsleistungen zum Thema Mobbing liegt darin, daß nun eine feindselige Situation am Arbeitsplatz mit einem Etikett belegt werden kann. Damit werden sozusagen die Vorgänge am Arbeitsplatz aus ihrem Graubereich „gefischt“ und in benennbare Vorgänge gekleidet. Für viele Betroffene ist dies alleine schon eine bedeutende Hilfeleistung, weil sie zunehmend erkennen, daß es sich bei ihrer Situation nicht um ein Einzelschicksal handelt.

---

1) vgl. STROP 1993, S. 13

In den letzten zwei Jahren ist die Thematik in den verschiedenen Medien verstärkt diskutiert worden. Dies hat zur Folge, daß das Phänomen Mobbing Eingang in den alltäglichen Sprachgebrauch gefunden hat. Mit einer Verbreitung des Wissens erhöht sich aber auch die Nachfrage nach Lösungen. Wie kann man dem Problem am besten begegnen? Wie in den meisten Fällen gibt es keine Standardlösungen. Gerade bei Mobbing sind die Situationen so unterschiedlich, daß es selbst für Experten schwierig ist, den Fall zu lösen. Vor allem aber wissen wir zur Zeit noch zu wenig über die tatsächlichen Ursachen von Mobbing. Es gibt darüber bislang nur Einzelergebnisse (z.B. Daten von Einzelpersonen oder einzelnen Untersuchungen) und eine Vielzahl von Hypothesen. Um Mobbing im Ansatz entgegenwirken zu können, müssen wir aber die Entstehungsbedingungen kennenlernen. Damit können wir zur Zeit nur Empfehlungen darüber aussprechen, was zum derzeitigen Stand der Forschung als Mittel der Prävention sinnvoll wäre.

Alleine die Aufzählung der Ansatzpunkte für vorbeugende Maßnahmen würde ein ganzes Buch füllen. Sinn und Zweck des folgenden Abschnittes ist es daher, jene Bereiche kurz anzuschneiden, die sich bereits in anderen Ländern bewährt haben, oder auf die in Zukunft besonders Wert zu legen ist. Die Prävention von Mobbing kann dabei auf drei Ebenen erfolgen,[1)] die im folgenden dargestellt werden.

Vorbeugung gegen Risikofaktoren (Primärprävention)

Die sogenannte Primärprävention soll dem Auftreten von Mobbing entgegenwirken, sie versucht Ursachen zu beseitigen. Mit anderen Worten bedeutet dies, daß Mobbing erst gar nicht entstehen soll. Dies setzt ein verstärktes Bewußtsein darüber voraus, daß es so etwas wie Mobbing im Betrieb geben kann. Man erreicht dies vor allem durch gezielte Aufklärung. So wird z.B. in einigen schwedischen Unternehmen an einem Halbtag die Problematik in Kleingruppen diskutiert.[2)] Alleine dadurch erreicht man eine Bewußtseinsbildung. Im speziellen ist es sinnvoll, Personen in Schlüsselpositionen, die auch als Verteiler dieser Informationen dienen, in die Problematik einzuführen; dazu gehören etwa Führungskräfte, Betriebsräte und Betriebsärzte.

Andererseits bedeutet Vorbeugung auch, daß bereits bei den Ursachen angesetzt werden muß, die sich in der Struktur des Unternehmens (Wie sind bestimmte Abläufe geregelt? Wer ist wem unterstellt? Wie ist die Arbeitsteilung organisiert? usw.) und/oder in den beteiligten Personen finden lassen. Man ersieht bereits daraus, daß andere Bereiche für die Entstehung von Mobbing eine wichtige Rolle spielen können. So kann es z.B. zu Problemen kommen, wenn die Arbeitsorganisation zur Zusammenarbeit zwingt, so wie das beim Gruppenakkord der Fall ist. In diesem Fall ist man

---

1) vgl. WAMBACH 1981, S. 778 ff.

2) so z. B. in dem schwedischen Unternehmen „Vattenfall“

von der Arbeitsgeschwindigkeit, aber auch von der Arbeitsqualität anderer abhängig. Eigene Fehler können dann oft zu Entgelteinbußen bei den anderen führen; man kann schnell zum „schwächsten Glied der Kette" werden.[1] Damit erhöht sich die Wahrscheinlichkeit, daß man von den anderen aus der Arbeitsgruppe „geschnitten" wird.

Andererseits gibt es auch Anknüpfungspunkte bei der Person selbst: Immer wieder machen wir bei Mobbing die Erfahrung, daß einige Vorgesetzte deswegen bestimmte Untergebene mobben, um ihren Status als Führungskraft zu verteidigen. Diese Personen können nicht als „böse" oder gar als „Täter" bezeichnet werden. Sie wurden auf ihre Führungsaufgabe nur fachspezifisch vorbereitet, sie wissen aber oft nicht, wie man Menschen führt. Man kann daher auf Forschungsergebnisse anderer Bereiche wie z.B. Streßforschung, Führungsforschung, Konfliktforschung, Gruppendynamik usw. zurückgreifen.

Früherkennung, vorbeugende Beratung, Unterstützung und Behandlung (Sekundärprävention)

In diesem Stadium ist Mobbing bereits mehr oder weniger schwer vorhanden. Durch geeignete Maßnahmen soll aber versucht werden, die weitere Ausprägung und Verfestigung von Mobbing zu verhindern und dessen Verlaufsform und -dauer zu beeinflussen.[2] Wie kann das konkret erreicht werden?

Es wird in diesem Fall sicher darauf ankommen, wie weit Mobbing bereits fortgeschritten ist und welche Alternativen sich bieten, aus dieser Situation zu entkommen. Ein junger, lediger Facharbeiter, der kurze Zeit von seinen Kollegen schikaniert wird, sieht sich einer anderen Situation gegenüber als eine weibliche, geschiedene Hilfskraft um die 50 Jahre, die ein unversorgtes Kind hat und jahrelang Feindseligkeiten hinnehmen mußte. Wichtig ist in diesem Stadium, daß Hilfestellungen auf zwei Ebenen gegeben werden: Zum einen muß der betroffenen Person durch Ärzte/Psychologen geholfen werden, ihren körperlichen/seelischen Normalzustand wieder zu erreichen. Zum andern muß eine Lösung der Mobbingsituation im Unternehmen erfolgen, die durch juristische Maßnahmen (z.B. Einbeziehung des Betriebsrates, Klage beim Arbeitsgericht) oder Beratungsmaßnahmen (z.B. externe Konfliktlöser) erzielt werden kann. Folgende Maßnahmen haben sich bereits in Schweden und der BRD bewährt:

Einrichtung eines Beratungstelefons

Zumeist wird eine solches Beratungstelefon von Psychologen betreut oder von Personen, die selbst einmal Mobbing ausgesetzt waren.[3] Aufgabe dieser Ansprechpartner ist es, festzustellen, ob es sich bei den vorgebrach-

1) vgl. DUNCKEL/ZAPF 1986, S. 37
2) vgl. WAMBACH 1981, S. 779
3) vgl. EXPRESSEN vom 09-06-92

ten Fällen wirklich um Mobbing handelt oder um andere Probleme (z.B. rein arbeitsrechtlicher Natur). Der Berater kann dann Auskünfte über Anlaufstellen im Wohngebiet des Anrufers geben, an die sich der Betroffene wenden kann. Wichtig ist auch eine grobe Erstdiagnose über den Zustand des Betroffenen. Ist der Anrufer z.B. verstimmt oder in einer schweren Krise? Zeigen sich vielleicht überhaupt Anzeichen einer Suizidgefährdung? Es handelt sich dabei also um die Arbeit, die zur Zeit teilweise von den Beratern der österreichischen Kriseninterventionszentren erbracht wird.

Selbsthilfegruppen

In dieser schließen sich gemobbte Frauen und Männer zusammen, um den Mobbingprozeß leichter bewältigen zu können. Die Hauptaktivität besteht im Austausch der gemachten Erfahrungen; daneben können aber zur Ablenkung Arbeitsgruppen, kulturelle und sportliche Gruppen gebildet werden. Einer solchen Gruppe kann ein Therapeut angehören; dies muß aber nicht der Fall sein. Wichtig für die Beständigkeit der Selbsthilfegruppe ist die Einhaltung von bestimmten Regeln, zu der die Mitglieder verpflichtet werden. In der „No Mobbing" Selbsthilfegruppe Hamburg werden z.B. keine Personen aufgenommen, die (psychisch) krank sind und dringend ärztliche Hilfe benötigen. Diese Personen können aber nach erfolgreich abgeschlossener Behandlung in die Gruppe aufgenommen werden. Weiters müssen sich die Mitglieder zur völligen Verschwiegenheit nach außen verpflichten.[1)]

Stationäre Behandlung

Schweden und die BRD verfügen als einzige Länder über eine Klinik, die sich auf die Behandlung von Patienten konzentriert, deren Störungen vorwiegend aus dem Erleben von Mobbing am Arbeitsplatz entstanden sind. Es handelt sich dabei um Versorgungseinrichtungen, die psychosomatische Beschwerden aufgrund von Arbeitsplatzbelastungen behandeln; daneben wird aber ein Schwerpunkt in der Therapie von Mobbingpatienten gesetzt. Derartige Einrichtungen haben den Vorteil, daß der Patient für die Dauer der Therapie (im Durchschnitt zwei Monate) aus seiner Umgebung „abgezogen" wird und somit bereits eine Entlastung erfährt. Mittels eines klinisch – rehabilitativen Konzeptes soll den erkrankten Personen mit gezielten Interventionen auf mehreren Ebenen geholfen werden. Dazu gehören sowohl Einzel- als auch Gruppengespräche, Selbstsicherheitsstraining, sport- und ergotherapeutische Maßnahmen. Das Ganze wird durch eine medizinische Betreuung ergänzt.[2)] Eine derartige Einrichtung existiert

---

1) vgl. No Mobbing Selbsthilfegruppe Hamburg – Barmbek
2) vgl. z.B. das Therapiekonzept der Brandenburgischen Klinik für Psychosomatik, BRD, und das der Mobbingklinik in Karlskrona, Schweden.

zur Zeit in Österreich noch nicht, befindet sich aber bereits im Planungsstadium.

Nachbetreuung, Rehabilitation (Tertiärprävention)

Durch diese Maßnahmen sollen die Behinderungen, die durch Mobbing entstanden sind, reduziert und die Betroffenen nachbetreut werden.[1] Für medizinische und psychische Belange sollten zu diesem Zweck niedergelassene Ärzte, die Erfahrung mit Arbeitsplatzbeanspruchungen haben, sowie Selbsthilfegruppen zum Einsatz kommen. Derzeit mangelt es nicht nur in Österreich, sondern auch in der BRD an derartigen Einrichtungen, sodaß hier ein Nachholbedarf festzustellen ist.

In diesem Zusammenhang muß aber auch auf die Bedeutung der Rehabilitationsmaßnahmen am Arbeitsplatz selbst hingewiesen werden. Erfahrungen aus einer deutschen Spezialklinik für Mobbinggeschädigte zeigen dazu einen deutlichen Trend: Patienten, die wissen, daß sie nach der stationären Behandlung auf einem neuen Arbeitsplatz beschäftigt werden – sei es durch Kündigung oder Versetzung im Unternehmen –, haben eine deutlich stärkere Zukunftsorientierung. Jene, die wissen, daß sie in der alten Arbeitsplatzstruktur mit den selben Kollegen, Vorgesetzten und Untergebenen zusammenarbeiten müssen, zeigen eine deutlich resignativere Haltung. Es liegt auch auf der Hand: Ändert sich nichts an den personellen oder strukturellen Gegebenheiten im Unternehmen, so ist es nur eine Frage der Zeit, bis die psychische/physische Symptomatik bei den Betroffenen wieder auftritt. Denn eigentlich wurden durch die medizinische und psychologische Versorgung nur Symptome, nicht aber die Ursachen behandelt. Aus den genannten Gründen wird es in Zukunft besonders wichtig sein, Personalabteilungen und Betriebsräte frühzeitig in die Maßnahmenplanung miteinzubeziehen. Sie sollen gemeinsam mit den Betroffenen und eventuell auch mit den zuständigen Therapeuten Möglichkeiten der Wiedereingliederung erörtern.

---

1) vgl. WAMBACH 1981, S. 779

ANHANG: Kontaktadressen (Stand: März 1994)

Anschrift des Autors für Fragen zum Thema:
Mag. Klaus Niedl
Abteilung für Personalwirtschaft
Wirtschaftsuniversität Wien
Althanstraße 51
A-1090 Wien
Tel.: 0222/ 31336/4322
Fax.: 0222/ 31336/753

Im folgenden sind einzelne Personen und Institutionen in Österreich und teilweise aus der BRD angeführt, die derzeit als erste Anlaufstellen bei einem Mobbingproblem betrachtet werden können. Sie wurden ausgewählt, weil sie sich intensiv mit der Mobbingproblematik befassen. Daneben gibt es auch andere Hilfseinrichtungen (z.B. Kriseninterventionszentren), die ebenfalls in Anspruch genommen werden können.

Therapeuten/Erstversorgung:

Alle hier angeführten Therapeuten haben bereits Erfahrungen mit Mobbingfällen sammeln können.

Dr. Karin Gutierrez
Fachärztin für Psychiatrie und Neurologie und Psychotherapeutin
Univ. Klinik für Psychiatrie Wien
Währinger Gürtel 18-20
A-1090 Wien
Tel.: 0222/ 40400/3556 oder 3547

Dr. Rudolf Karazman
Facharzt für Psychiatrie und Neurologie und Psychotherapeut
Univ. Klinik für Psychiatrie Wien
Währinger Gürtel 18-20
A-1090 Wien
Ordination:
Schottenfeldgasse 76/18
A-1070 Wien
Tel. + Fax: 0222/ 5236861

DDr. Heinz Leymann
Sveriges Rehab Center AB Violen
Djupeskär Gullberna Park
37154 Karlskrona
Schweden
Fax: +46-45515771

Dr. Michael Becker
Brandenburgische Klinik für Psychosomatik Neubrück
Betriebs GesmbH
15746 Neubrück
BRD
Tel. von Österreich aus: 060/33762/41982
Tel. von der BRD aus: 033762/41982

Arbeitsmedizinisches und arbeitspsychologisches Institut Klagenfurt
Das AMI in Kärnten ermöglicht als unabhängige Betreuungseinrichtung vor allem Klein- und Mittelbetrieben eine arbeitsmedizinische Versorgung. Es bietet Unternehmen neben den klassischen arbeitsmedizinischen Leistungen (z.B. Schutzimpfungen, Seh- und Gehörtests, allgemeinklinische Untersuchungen) auch arbeitspsychologische Leistungen an. Durch Supervisionsgruppen im Unternehmen selbst oder in der externen Ambulanz sollen Spannungen abgebaut und Teamfähigkeiten gefördert werden. Das Therapeutenteam beschäftigt sich dabei auch mit Mobbingproblemen.

Arbeitsmedizinisches und arbeitspsychologisches Institut Klagenfurt
c/o Dr. Erich Trampitsch
Fromillerstraße 33
9020 Klagenfurt
Tel.: 0463/ 55866

Selbsthilfegruppen:

Arbeiterkammer Wien
Bei einer genügend großen Anzahl an Interessierten bietet die Arbeiterkammer Wien unter therapeutischer Leitung eine Selbsthilfegruppe für gemobbte Männer und Frauen an.

Kammer für Arbeiter und Angestellte für Wien
c/o Dr. Wolfgang Lenert
Prinz Eugen Straße 20-22
A-1040 Wien
Tel.: 0222/ 50165/2301

Wenn Sie selbst eine solche Selbsthilfegruppe einrichten möchten, dann erhalten Sie dementsprechende Informationen bei:

No Mobbing Selbsthilfegruppe Hamburg
c/o Hans – Jörg Rättig oder Gisela Holz
Hufnerstraße 17-19
Hamburg – Barmbek
BRD

NAKOS – Nationale Kontaktstelle für Selbsthilfegruppen
Albrecht-Achilles-Straße 65
10709 Berlin-Wilmersdorf/BRD
Tel.: von Österreich aus: 060/30/891-4019
Tel.: von der BRD aus: 030/891-4019

Informationseinrichtungen:

Gesellschaft gegen psychosozialen Streß und Mobbing e.V., Bad Lippspringe/BRD
Die GPSM wurde im April 1993 mit Sitz in Bad Lippspringe gegründet. Ihr Zweck besteht darin, die Forschung, Lehre, Bildung, Beratung und Therapie über psychosozialen Streß und Mobbing zu fördern. Weiters sollen jene Personen, die sich mit diesem Fachbereich beschäftigen, organisiert werden und eine wissenschaftliche Qualitätssicherung betrieben werden. Die Gesellschaft versteht sich von daher als eine interdisziplinäre Diskussionsplattform; ihr gehören z.B. Ärzte, Psychologen, Betriebswirte, Rechtsanwälte, aber auch Betroffene an. Interessierte Personen können der Gesellschaft als ordentliches oder außerordentliches Mitglied beitreten.

Gesellschaft gegen psychosozialen Streß und Mobbing e.V.
Grüne Straße 14, 33175 Bad Lippspringe/BRD
Tel.: von Österreich aus: 060/5252/52206
Tel.: von der BRD aus: 05252/52206

Arbeiterkammer Salzburg
Im Juni 1993 wurde von der Kammer für Arbeiter und Angestellte in Salzburg die erste österreichische Tagung zum Thema „Mobbing: Psychoterror am Arbeitsplatz und wie man sich dagegen wehren kann“ organisiert. Eine Tagesveranstaltung richtete sich an Betriebsräte, eine Diskussionsveranstaltung am Abend stand der Salzburger Bevölkerung offen. Die Referate dieser Tagung liegen als Dokumentationsband vor und können von der Arbeiterkammer bezogen werden.

Kammer für Arbeiter und Angestellte für Salzburg
c/o Herrn Wolfgang Liepold
Auerspergstraße 11
A-5020 Salzburg
Tel.: 0662/ 871591

Gewerkschaft der Privatangestellten, Landesorganisation Wien
Die GPA in Wien beschäftigt sich sich seit einiger Zeit im Rahmen der dort angesiedelten „Projektwerkstatt" (Leitung Silvia Kuhn – Gehmacher) mit der Mobbingproblematik. In einer dort durchgeführten Diskussionsveranstaltung konnten erste Meinungen zum Thema eingeholt werden.

Gewerkschaft der Privatangestellten GPA
Landesorganisation Wien
c/o Ronald Rauch
Deutschmeisterplatz 2
1013 Wien
Tel.: 0222/ 31393 DW 254

Deutsche Angestelltengewerkschaft (DAG) Hamburg
Die DAG in Hamburg verfügt als gewerkschaftliche Einrichtung im deutschen Sprachraum die umfassendste Erfahrung in bezug auf die Mobbingproblematik. Betriebsräte können dort einen Leitfaden bestellen, der darüber informiert, was in konkreten Mobbingfällen zum Schutz der Betroffenen unternommen werden kann. Weiters liegt eine Broschüre über eine Tagung zu diesem Thema auf.

DAG Landesverband Hamburg
c/o Uwe Grund
Holstenwall 5
20355 Hamburg
BRD
Tel.: von Österreich aus: 060/40/34915-510
Tel.: von der BRD aus: 040/34915-510

Literatur

BERGER, J. (1994): Einführung in das österreichische Arbeits- und Sozialrecht. Wien: ÖGB Verlag

BERTHEL, J. (1991): Personal – Management. Grundzüge für Konzeptionen betrieblicher Personalarbeit. Stuttgart: Poeschel

BILITZA, K. (1985): Prävention von Alkoholmißbrauch und Alkoholismus am Arbeitsplatz. In: Psychologie und Praxis – Zeitschrift für Arbeits- und Organisationspsychologie, 29. Jg., Heft 2, S. 82–87

BUNDESMINISTERIUM FÜR ARBEIT UND SOZIALES (1993): Bericht über die soziale Lage, Sozialbericht. Wien

DUNCKEL, H./ZAPF, D. (1986): Psychischer Streß am Arbeitsplatz. Belastungen, gesundheitliche Folgen, Gegenmaßnahmen. Köln: Bund Verlag

EINARSEN, S./RAKNES, B.(1991): Mobbing i Arbetslivet. En undersökelse av forekomst og helsemessige konsekvenser av mobbing på norske arbeidsplasser. Bergen: FAHS, 1991

FLORETTA, H./SPIELBÜCHLER, K. (1988): Arbeitsrecht: Individualarbeitsrecht. Wien: Manz

FRIEDRICHS, J. (1980): Methoden empirischer Sozialforschung. Westdeutscher Verlag

HACKMAN, J./OLDHAM, G. (1980): Work redesign. Addison Wesley

LAMNEK, S. (1989): Qualitative Sozialforschung. München: Psychologie Verlags Union

LEYMANN, H. (1991): Manligt och kvinnligt vid vuxenmobbning. En rickstäckande undersökning med 2438 intervjuer. Delrapport 2. Stockholm: Arbetarskyddsstyrelsen

LEYMANN, H. (1993): Mobbing: Psychoterror am Arbeitsplatz und wie man sich dagegen wehren kann. Reinbek bei Hamburg: Rowohlt

MORGENTHALER, J. (1991): Das Büro als kriminogenes Milieu. In: Fehr, M. (Hrsg.): Leben, Lieben, Leiden im Büro. Reportagen, Essays, Analysen, Geschichten und Glossen aus der sauberen Arbeitswelt; ein Buch der WochenZeitung. Zürich: Rotpunkt, S. 11–26

NEUBERGER, O (1988): Miteinander arbeiten – miteinander reden. Vom Gespräch in der Arbeitswelt. München: Bayerisches Staatsministerium für Arbeit und Sozialordnung

NIEDL, K./LEYMANN, H. (1992): LIPT II: Leymann Inventory of Psychological Terrorization, Version 2, deutsche Version, Wien: Wirtschaftsuniversität 1992

NIEDL, K. (1993): Psychoterror/Schikane am Arbeitsplatz. Einsichten in das Phänomen „Mobbing“ aus empirischer Sicht. In: Eschenbach, R. (Hrsg.): Forschung für die Wirtschaft: Im Mittelpunkt der Mensch. Wien: Service Fachverlag, S. 89–98

NOELLE-NEUMANN, E./STRÜMPEL, B. (1984): Macht Arbeit krank? Macht Arbeit glücklich? Eine aktuelle Kontroverse. München: Piper

SCHWARZ, W./LÖSCHNIGG, G. (1989): Arbeitsrecht. Wien: ÖGB Verlag

STAEHLE, W. (1987): Management: eine verhaltenswissenschaftliche Einführung. München: Vahlen

STROP, W. (1993): Mobbing und Recht. Referat anläßlich der Gründung der Gesellschaft gegen psychosozialen Streß und Mobbing. Hamburg 18-04-93

THYLEFORS, I. (1987): Syndabockar. Om utstötning och mobbning i arbetslivet. Stockholm: Natur och Kultur

WAMBACH, M. (1981): Prävention. In: Rexilius, G./Grubitzsch, S. (Hrsg.): Psychologische Grundbegriffe. Ein Handbuch zu Mensch und Gesellschaft in der Psychologie. Reinbek bei Hamburg: Rowohlt, S. 778–782

Mag. Klaus Niedl

Geboren 1965, prägende Kulturlandschaft: Oberösterreich. Studium der Betriebswirtschaftslehre an der Wirtschaftsuniversität in Wien, Schwerpunkt Personalwirtschaft. Ist seit Oktober 1991 Assistent an der Abteilung für Personalwirtschaft bei Univ.-Prof. Dr. Dudo von Eckardstein, wo er am Forschungsprojekt „Psychische Befindensbeeinträchtigungen am Arbeitsplatz" mitarbeitet. Daneben Lehrtätigkeit, Vorträge und Beratungen. Beschäftigt sich seit Anfang 1992 in seiner Dissertation mit Mobbing. Hat dazu erste Untersuchungen für den deutschen Sprachraum durchgeführt; Forschungsaufenthalte in Schweden und der BRD.

Greifvögel und Eulen bestimmen – leicht gemacht

● Bestimmungsteil (Seite 44 -141)

Farbfotos von Greifvögeln und Eulen
Steckbrieftexte mit Beschreibungen aller wichtigen Erkennungsmerkmale und Verhaltensweisen

● GU Kennfarben-Code (siehe Klappe innen)

Farbige Kennstreifen und Symbolzeichnungen führen zu den 3 Gruppen:

- Kennfarbe Blau: Greife (Adler, Milane, Sperber, Habicht, Bussarde, Geier, Weihen)
- Kennfarbe Rot: Falken
- Kennfarbe Grün: Eulen (Schleiereule, Ohreulen und Käuze)

● Bestimmungstafel »Greifvögel im Flug« (hintere Klappe)

Flugbilder von Greifvögeln und Eulen, die die Schönheit und Anmut der Bewegung zeigen.

Dieser GU-Naturführer wurde auf umweltfreundlichem Papier gedruckt. Das Papier ist säurefrei hergestellt und chlorfrei gebleicht, biologisch abbaubar und kann mehrfach wiederverwendet werden.

← Bitte aufklappen!